Greek Nationalism and the Scope of Its Interrelationship with Albania

Bledar Meti

authorHOUSE®

AuthorHouse™ UK Ltd.
500 Avebury Boulevard
Central Milton Keynes, MK9 2BE
www.authorhouse.co.uk
Phone: 08001974150

First published by AuthorHouse 5/27/2010

ISBN: 978-1-4520-0936-0 (sc)

This book is printed on acid-free paper.

Contents

About the Author

Bledar Meti was born on 4th of December 1977 in Shkoder, Albania. He graduated from the Faculty of Social Sciences for History and Geography, University 'Luigj Gurakuqi', Shkoder in 2000. During his studies from April 1999 to September 1999 he worked as an English-Albanian interpreter for a Christian Aid

mission that was in Albania helping Kosovo refugees who had fled the country during the war. From 2001 he has been living in the UK and he graduated again in 2006 from the faculty of Social Sciences, University of the West of England, Bristol, UK for Politics and International Relations with (BA Hons).

He undertook his second year of studies in Carl Von Ossietzky University, Oldenburg, Germany as part of the Erasmus programme organised by European Union. At the end of the second year in Germany he did an internship in Bundestag, German Parliament in Berlin with the CDU MP where he attended the MP-s daily agenda, assisted on researching and also wrote some articles in the newsletter of the local electorate. After graduating he returned to Albanian through 'Back for a better Future' project, working at the Foreign Office that dealt with the Albanian relationships and the neighbouring countries like Greece, Turkey and Italy where he worked for a few months. He now lives in the

UK and he has been working for the UK government in the Department for Work and Pensions for the last three years. His current fields of interest are Balkan politics (Albanian in particular) as well as European Politics and European Union. He speaks fluent English, German and intermediate Spanish.

The author can be contacted by e-mail: bledarmeti@ hotmail.com

Acknowledgements

I am grateful to Kate Flynn, who is a specialist on the field of nationalism and also a Lecturer at University of the West of England in Bristol, for the supervision when working on this project. I am also very grateful to my colleague Mark Allen for his valuable expertise on this field. In the meantime I would like to thank Broz Simoni for his suggestions and support to publish this book as well as Mikel Pjetrushin for his comments. Bledar would also like to thank Nick Holmes for designing the book cover.

I also would like to thank my family, my parents in particular to whom this book is dedicated as well as my wife Jonilda and my daughter Melisa.

The Author

Abstract

This project is aiming to examine the effect of Greek nationalism on relations between Greece and Albania. In order to go further, it is necessary to be focussed first on the theory of nationalism, (which is a contested issue), and then to employ the most suitable types of nationalism that fit in with this case study. An analysis of Greek nationalism will clarify the events which have occurred between these two countries during different periods and especially during the last nineteen years. The media analysis will both illustrate and clarify the argument.

PREFACE

It is very welcome that the question of Albanian-Greek interrelationship within the scope of nationalism is now subject of study in academic circles; both inside and outside of Albania. In Albania, this very important and topical issue is of vital interest, and is also a contemporary issue which is often in the centre of visual and written media in Albania. The Author Bledar Meti being outside of this environment for the last ten years and so has not been present in the everyday events which have taken place in Albania; but he has reflected upon and being inspired by the present-day modern and scientific approach to this problem. In his book he adapts an object and realistic attitude in describing this question, and also in analysing the nature and challenges presented by this subject.

There are many issues to discuss in this book such as Greek nationalism, Greek influence within Albanian economy, the Çam question, Greek territorial claims and Albania's integration into EU. All the above-mentioned issues lead me to address the following questions; – will Albanian's integration into the EU have any effect on the Greek-Albanian interrelationship, and how much will the EU integration cost Albania? How did the Albanian political elite resist the pressure of Greek territorial claims, and how will they resist this pressure in the future? This book addresses these questions by identifying and analysing the challenges faced in the past, the present and the future by the political elite. The author also analyses the internal and the external factors, as well as the role played by the international community and the nature and this role. The author argues at the end of his book that the process of Albanian's integration into the EU can also be seen as one of the most important processes that could mark the end of Greek territorial claims against Albania and also in bringing the Çam question to the attention of international institutions – which in turn may result in a final solution.

The book is based on a rich bibliography, academic books and studies, articles and analyses from both the printed and electronic media (Albanian and foreign), official reports and documents from international organizations. The fact that the author was born and brought up in Albania as well as having lived for the past ten years outside of Balkan's, places the author in a position whereby he can see this question from both internal and the external perspectives. During his time in University in the UK, the author studied nationalism thoroughly, which has increased his experience of being able to understand and analyse the nationalism.

This book is an important contribution to both Albanian and foreign literature for the following reasons; firstly Albania is one of the least studied countries in Balkan. Secondly, the book focuses on a topic, which is not just contemporary, but also an important issue for Albania itself. Thirdly, this is an enrichment of the literature available on this subject from the academic point of view on a national and international scale. Finally, this book serves to raise awareness amongst the international community of the Çam question, and also of the Albanian one in general.

Prof. Mikel Pjetrushi

Introduction

What are the main issues
the project is addressing?

Nationalism is a phenomenon of late modernity which arose around the eighteenth, nineteenth and twentieth centuries. This project aims to examine nationalism within the scope of the Greek-Albanian interrelationship; firstly it will define nationalism, even though nationalism itself is a contested issue. In looking at this topic there are many aspects that need to be explored, of particular interest is the creation of nation-states, and the different illustrations of this that many scholars have given. Within nationalism itself it is important to mention national identity. Regarding the case study of the Greek-Albanian interrelationship, it is important to outline the types of nationalism that are both relevant and fitting to the case study.

Secondly it will give a brief description of Greek nationalism where starting with the early stages of the 'Megale-Idea' (Great Idea) is essential. The analysis will look at the aims behind this idea. Chapter I will discuss the theory of nationalism, and through the different models of nationalism will explain the developments of the Megale-Idea. According to Megale-Idea, Greece would territorially be larger than it is today by expanding its borders on all sides, but the focus of the project is on the matter of Greece claiming Albanian territories in the south of the country. The argument in chapter II is to what extent does Greece satisfy the criteria mentioned in chapter I in order to claim a part of a territory as a part of their nation? As in chapter I, Smith's theory of how he defines a nation will be described through listing its following features: historic territory, common historical memories, common public culture, common legal rights for all the members and a common economy; although unfortunately these features do not match the Greek claim towards Albanian territories in the south. Therefore, citing academic sources would prove that the 'Megale-Idea' would go too far in its claim. In order to come to Greek national-ism of the last nineteen years, it is important to argue both the theory of nationalism and Greek nationalism during different periods in order to understand how this intention has always been kept alive. This means that Greece has still the same intention to assimilate Southern Albania and to achieve its dream. Facts from academic sources of different authors will therefore prove that Greek nationalism still exists. In Greek nationalism, the main issues to be raised are: borders, religion as an arm of the state, language and minorities.

The Media analysis used in the project will reveal the Greek plan to undermine the weak state of Albania which would make the spread of Hellenism in Southern Albania easier. Starting from 1990 – 1991 the pressure was exercised by Greek authorities against Albanian government whereby Greek minorities had to be represented in Parliament by an organisation called OMONIA. In 1997, questions surround-ing the fall of pyramidal schemes in Albania began to arise, leading to the fact that Greek authorities were behind it. The argument will rise that they were designed by Greek agents for different reasons; denying Albanian development, and profiting from its destruction in many ways. The prevention of Albanian development would mean a lot for Greece in all aspects. When analysing all these events from 1990 to nowadays, the conspiracy Greece used towards the Albanian state will then be understood. The conspiracy had only one intention, that of achieving its old dream of 'Megale-Idea', which is why I draw the case for nationalism here. As Biberaj argues, "Greece was widely seen as exploiting Albanian's political and military weakness and economic dependence. It remains to be seen whether the crises in recent years were a passing storm in Albanian-Greek relations or whether the relationship is in danger of succumbing to the powerful nationalist impulses sweeping the Balkans"[1].

---

1   . Biberaj, 1998: pg. 246

"No nation are so detested and dreaded by their Neighbours as the Albanese: the Greeks hardly regard them as Christians, or the Turks as Moslems; and in fact they are a mixture of both and sometimes neither"[2].

(I) -Nationalism theory

Nationalism is a recent phenomenon and any given definition is still contested. When studying nationalism, it is necessary to know one thing that one is dealing with a phenomenon that even scholars themselves have given contradictory definitions of nationalism. The study of nationalism becomes even more complicated when it is understood that this phenomenon appeared in late modernity, around the eighteenth and nineteenth centuries and flourished around the first half of 20th century.

Definition of Nationalism

To define nationalism there are three generic goals like; "national autonomy, national unity and national identity. This suggests the following working definition of nationalism: 'An ideological movement for attaining and maintaining autonomy, unity and identity for a population which some of its members deem to constitute an actual or potential nation' "[3].

---

2   . Byron cited by Pettifer, 1993: pg. 177
3   . Smith, 2001: pg. 9

According to Anderson nations are described as 'imagined communities'[4]. By 'imagined', he does not necessarily mean 'invented', but rather that people who define themselves as members of a nation will never know most of their fellow members, nor meet them, or even hear of them. While Smith argues that; "for Anderson, 'imagination' implies 'creation'"[5].

Another important point is the argument that Gellner raises on nationalism. In his book "Nationalism and Modernization", he introduces a detailed argument about nationalism. According to Gellner "The persons who exercise power in a nation, have to be member of the Nation, otherwise disagreement will arise. The people of the nation should share common characteristics like a common language, culture and to be conscious of their traditions"[6].

The Creation of the Nations

The creation of nations as a phenomenon is extremely difficult to define, as whatever definition is used it is difficult to have a universal one. Scholars, who have studied nationhood in detail, have concluded that it is impossible to make a scientific definition. Seton–Watson writes, "I am driven to the conclusion that no 'scientific definition' of a nation can be devised; yet the phenomenon has existed and exists"[7].

---

4   . Anderson. B 1983, pg. xxii
5   . Smith, 1998: pg. 137
6   . Gellner cited by Wessels. M 2002, pg. 4
7   . Seton-Watson cited by Flynn, 2000: pg. 3

Scholars agree that there is a minimum criterion of common elements which qualify a group of people to be a nation. Anthony Smith offers the following definition of nation in his book

> "National Identity", with fundamental features of national identity as follows: "1- A historic territory, or homeland, 2- Common myths and historical memories, 3- A common, mass public culture, 4- Common legal rights and duties for all the members, 5- A common economy with territorial mobility for members. A nation can therefore be defined as a named human population sharing an historic territory, common myths and historical memories, a mass, public culture, a common economy and common legal rights and duties for all the members"[8].

Smith describes the various components which might constitute a sense of identity as being a class membership and shared culture, territory, and language from a common ethnic origin. National identity is something more than nationhood; it involves not only territorial integrity, common language, customs, culture and traditions, but also a consciousness of these as determining separate rights and allegiances.

If the people of the nation share common characteristics such as common culture, inheritance, language, religion and common territory, which means that it adequately satisfies the criteria to be a nation. However, if only the language itself was the criterion, then it would not have been possible to

---

8   . Smith. A 1991, pg. 14

form the Bosnian nation. The same would occur if religion was a criterion alone then where there would have been a common nation between Italy, France and Spain. These examples are used to illustrate that more than one criterion is needed to claim a nationhood. This is also true in the Greek case; where Greece claims that Southern Albania (Northern Epirus) belongs to Greece. Greece and Albania share some values; however this alone is not enough to satisfy the necessary criteria to claim this territory as part of their nation. There are, of course, similarities due to the past influence.

Nationalism takes many forms; some that are relevant to this case study are trans-border nationalism and irredentist nationalism. Trans-border nationalism involves ethno-national relatives in another state, a so-called external national homeland. An example of trans-border nationalism is Greece, where the core national Greeks, seek to protect the interests of the Greek minorities in Albania

Irredentist Nationalism attempts to extend the existing boundaries of a state by incorporating territories of a borderland state occupied by co-nationals. "Members of the projected group live within boundaries of other political units than that in which the main body of the nationals reside. Examples are Alsace between France and Germany and Epirus to Greece"[9]. "The doctrine of the irredentism is derived from the Italian, *irridenta* meaning those territories"[10]. In modern political usage the term has come to mean any territorial claim made by any sovereign state to lands within another. These claims are generally supported by historical and/or ethnic arguments: that is, the irredentist state insists

9   . Smith. A 1971: pg. 222
10   . Mayall cited in Hutchinson and Smith, 1994: pg. 270

that part of its rightful homeland has been unjustly taken from it, or that a part of the nation itself has been falsely separated from its organic national community.

National Identity

Explaining the creation of nation-states is necessary in order to understand what is meant when one talks of someone having a national identity. National identity is peoples own beliefs about their nationhood and the way in which they define their identity is relative to their nation. As Smith argued the collective of features such as common language, a shared history or culture, religion, territories and inheritance would explain the affiliation that the people of one nation have together.

> "Herder argued that a nation is constituted through its language and culture. He emphasised the significance of the practices, customs and rituals of everyday life, and of the stories, folk beliefs and myths in terms of which people make sense on their lives – indeed, he can claim to be one of the first theorists what we now call 'popular culture'. For most of us national identity was not chosen, but determined by the contingencies of birth and upbringing"[11].

---

11 . Poole, 1999: pg. 68

Ethnic and Civic nationalism

There are two main models of nationalism; the civic model and the ethnic one.

"Hobsbawm distinguishes two types of nationalism and two kinds of analysis of nations and nationalism. The first type is that of mass, civic and democratic political nationalism, modelled on the kind of citizen nation created by the French Revolution; this type flourished in Europe about 1830 – 1870, notably in Germany, Italy and Hungary and it was followed by a second type of 'ethno-linguistic' nationalism, in which smaller groups asserted their right to separate from large empires and create their own states on the basis of ethnic and/ or linguistic ties. This type of nationalism prevailed in Eastern Europe from 1870 – 1914"[12].

"Hobsbawm comments the period of 1870 – 1914 as a crucial period when the mass civic-democratic political type was transformed into an ethnic-linguistic type model of nationalism. This type differed in two ways. First, it abandoned the threshold principle which was so central to nationalism in Liberal era. Second, ethnicity and language became the central, increasingly the decisive or even the only criteria of potential nationhood"[13].

---

12 . Hobsbawm cited by Smith, 1998: pg. 121
13 . Hobsbawm cited by Smith, 1998: p 122

These two understandings of nationalism (civic and ethnic) brought by Hobsbawm have been argued differently by Smith. Smith brings another argument on civic and ethnic nationalism.

"1 (a) -Territorial nationalism – Pre-independence movements whose concept of the nation is mainly civic and territorial will seek first to eject foreign rulers and substitute a new state-nation for the old colonial territory; these are anti-colonial nationalism. (b) –Post-independence movements whose concept of the nation remains basically civic and territorial will seek to bring together and integrate into a new political community often disparate ethnic population and to create a new 'territorial nation' out of the old colonial state; these are integration nationalism. 2 (a) –Pre-independence movements whose concept of the nation is basically ethnic and genealogical will seek to secede from a larger political unit and gather in a designated homeland and set up a new political 'ethno-nation' in its place; these are secession and Diaspora nationalisms. (b) Post-independence movements whose concept of the nation is basically ethnic and genealogical will seek to expand by including ethnic 'kinsmen' outside the present boundaries of the 'ethno-nation' and the lands they inhabit or by forming a much larger 'ethno-national' state through the union of culturally and ethnically similar ethno-national states; these are irredentists and 'pan' nationalisms"[14].

14　. Smith, 1991: pg. 82-83

Smith's explanation on the different types of nationalism assists in making it easier to understand the features of each category of nationalism. "The civic model nationalism applies to nations with a colonialist or imperialistic past but also to non- western countries that made their first steps as colonies of foreign powers"[15]. Civic nationalism "is the form of nationalism in which the state derives political legitimacy from the active participation of citizens and the scale to which it represents the will of the people"[16]. Ethnic nationalism; "the nations with an ethnic or genealogical basis seek to expand so as to include the ethnically kin population that are beyond the current borders of the ethnic nation, along with the territories where they live, or aim for the creation of a much larger ethic-national state, merging into other culturally and ethnically kin states"[17].

---

15 . Bakaoukas, 2002: p 2
16 . Bakaoukas, 2002: pg. 2
17 . Bakaoukas, 2002: pg. 2

(II) - Greek Nationalism

What about Modern Greek nationalism today? Since nationalism only started developing in the eighteenth century one can not take into account ancient Greece but must refer to the Modern Greek society. Any analysis before this date therefore would be irrelevant, and would not apply to the modern society of nation-states in the eighteenth, nineteenth and twentieth centuries. "During the eighteenth and early nineteenth centuries, what did it mean to be Greek? For most habitants of the Ottoman Empire, any definition hinged on the religious identification. Greekness meant being an Orthodox Christian and not a Muslim. Thus, religious and national identifications were one and the same"[18].

Renan's theory suggests that, "A nation is a soul, a spiritual principle. Only two things actually constitute this soul. One is the past and the other the present"[19]. Renan defines a nation differently from other authors, not necessarily mentioning the same criteria as other scholars, such as Smith's criteria outlined previously. For him the affiliation of the past is of vital importance. For Renan common culture is not important, but the common will for people to live a common life is important.

As argued earlier nationalism was born with the creation of the nations; it could be argued here again that Greek nationalism starts straight after the gaining of independence. The Ottoman Empire was becoming weaker and its

---

18　. Legg and Roberts, 1997: pg. 12
19　. Renan cited in Hutchinson and Smith, 1994: pg. 17

influence in the Balkans was becoming smaller. This was associated with the Greek intention to expand its borders. *"Greek independence was recognised, Albanians contributed towards Greek independence victory, but Albanians are still angry that this contribution was never appreciated. On the contrary Greece has made attempts and continues to make attempts to enlarge its territories by annexing Albanian territories. Albanians justly argued that these territories should have remained within its borders, however the Greeks used any kind of propaganda such as repression and assimilation to stop Albanians speaking their language and replacing it with the Greek language"*[20]. Long before the isolation imposed by the communist state, the Albanians as a small nationality struggled for recognition and independence under Ottoman rule, where Albania had stayed for five centuries. 1912 was the year of Independence for Albania which was not the end of its problems however, but the beginning of conflicts with its neighbouring countries based on border issues. Edward Gibbon who sailed to Albania around the middle of the eighteenth century, and also explored Albanian culture expressed that "No equivalent tradition existed in relation to Albania comparable to the Philhellenism of the political elites of Europe that provided constant support for Greek nationalism"[21].

As discussed in chapter I where Hobsbawm was cited by Smith about the creation of nation states, and the tendencies of the smaller groups to separate from large empires and create their own states on the bases of ethnic and/or linguistic ties. This approach therefore applies to Greece and other Balkan countries and their attempts for separation from

---

20   . Durham translated by H. Thanasi, 2000, pg 55
21   . Vickers and Pettifer, 1999: pg. 1

the Ottoman Empire. The weakening of Turkey originated when the Russian–Turkish war broke out in 1853; resulting in riots breaking out around the Balkans for liberation from the Ottoman Empire. At this time revolts also broke out in Greece. After the liberation of Greece, Ioannis Koletis the first Prime Minister of Greece at that time (though a Vlach) made a call for the uniting of all Greek-speaking lands; and the "Megale-Idea", the so-called Great Idea had been born. According to Koletis Greece had to become a greater state with Istanbul its capital, and inheriting the Byzantium model where within Greece it was seen that the Albanian territories up to the river Shkumbin would be included.

This Map that follows is taken from the book (I Saw Who Burned Vlora) [22], written by the Mayor of Vlora City in 1997.

---

22 . Zilja, 2003, pg 265

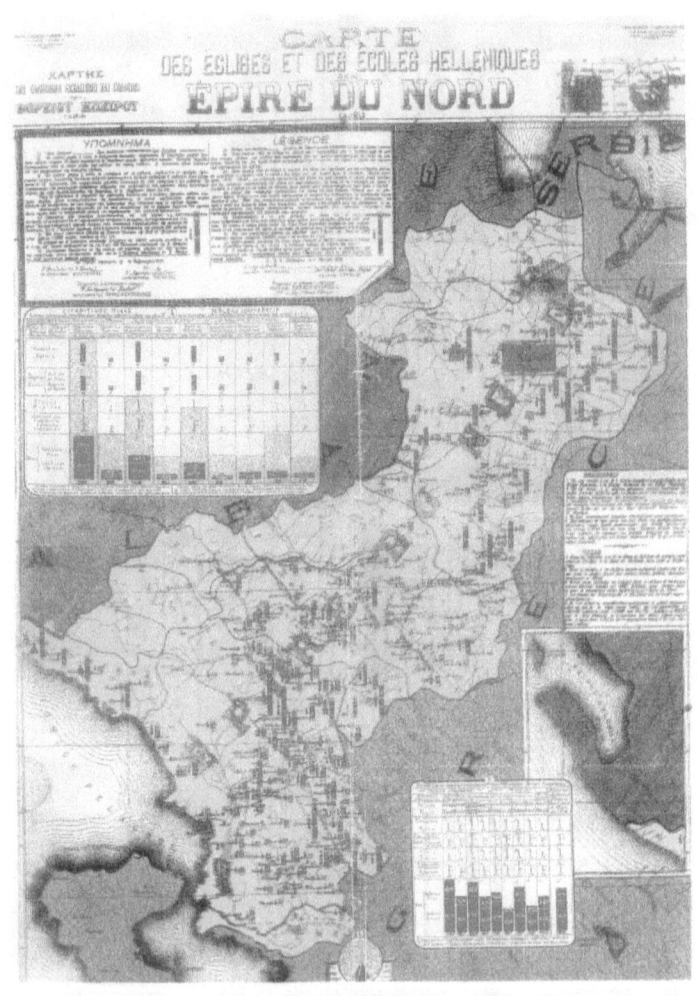

Map of 'Northern Epirus' issued publicly from
the Salvation Committees during 1997

"Greek nationalism has the "Megale-Idea," literally translated as the "great idea" or "grand idea". Such a Greece would be territorially larger than the Greek state of today, but would be smaller than the Greek world of classical times, which extended west to the coast of Sicily, northeast into the Black Sea, and south to Egypt"[23].

What is the Greek national identity and what does it mean to be Greek?

Herder argued that a nation is constituted through its language and culture and the significance of its practices, customs and everyday rituals; therefore national identity is not chosen but determined by birth and upbringing. Modern Greek national identity is seen to have different interpretations, but the concept of Greekness or Greek national identity is Hellenism. Some important elements that need to be outlined about the Greek situation under discussion are religion, language and territories.

Religion in Greece has a very strong impact in the peoples every day life. Greece today is exceptionally homogenous in terms of language, culture and religion. *"I am telling you about places where I have stayed, areas around Ohri and Prespa Lake. There are Greeks, Slavs, Albanians and Vllahs around these areas. I believe all Albanians are Muslims and if there are Albanians who is Christian then they are considered to be Greek"*[24]. Religion in Greece was also used as tool for unity at the start of the creation of its nation.

---

23 . Sowards, 1999: Lecture 14
24 . Durham translated by H. Thanasi, 2000, pg 74

"In the last years of the nineteenth century and the beginning of the twentieth century there was a strong link at a practical political level between the Church and the policies of Greek irredentists who were trying to recover Greek territory, such as large areas of northern Greece that were not free from Turkish domination until 1913 and the end of the Second World War, from the Ottomans. Generally speaking, even today, it is the bishops from these regions, like Metropolitan Sevastianos, who are the most ardent defenders of the interests of militant Greek nationalism against neighbouring states"[25].

According to Chrysoloras, "religion and nationalism are so closely associated in Greece, to that extent that one can refer to Greek Orthodoxy as a 'national religion' "[26]. While Pettifer brings the argument that, "to be Greek is to be Christian is to be orthodox"[27].

Language is another key issue for creating a single national identity.

"To fulfil the expansionist dreams, the Greek language and culture had to be spread to ethnic Greeks and others beyond the original borders. The evidence can be seen today: Many Greeks have surnames that readily identify non-Greek ethnic background. Hellenization was directed primarily

---

25   . Pettifer, 1993: pg. 116
26   . Chrysoloras cited by Xenitidou, 2004: pg. 7
27   . Pettifer, 1993: pg. 103

at the more marginal ethnicities in the region –
Vlachs, Albanians, and some others"[28].

Through its language a larger Greek community was
secured, but this is not necessarily regarded as a marker
or evidence of shared nationhood; it already being argued
in chapter one that the Bosnian people could still claim
to be their own nation in spite of the fact that they spoke
Serbian.

Territories are another main issue on Greek
nationalism.

- "Identification with territories, which can sometimes
have a positive function in easing tensions if a clearly de-
marcated area is accepted as properly associated with more
than one group, by any large does not have this role in the
Balkans, where on contrary territory is seen as the exclusive
possession of one group only"[29]. Territories compound an-
other issue in the Greek expansionist policies relative to the
early days of Megali-Idea up to nowadays. Greece claims
that the ethno-relatives have been left out; therefore uniting
these people with the main population will mean expansion
of the Greek territories up to where these minority people
are located.

The Megalo Idea continues to exist, and is also currently
being supported by many Greek nationalists in spite of the
fact that Greece is a signatory of the Helsinki Charter for
not changing the borders. The characteristics of ethnic na-
tionalism fit into the Greek nation almost perfectly. Greeks

---

28   . Legg and Roberts, 1997: pg. 16
29   . Schopflin, 2000: pg. 254

still talk about the "Great Idea" and Hellenism (Great Idea and Hellenism are translated as Greece seeks to expand its borders and spread their influence, the e.g. in Northern Epirus). "In the Paris Conference of 1919 the Greek delegation argued before the Supreme Council of the Allies the Greek claims for the annexation of 'Northern Epirus' (Southern Albania)"[30].

Winnifrith opposes the Great Idea, stating that it is not exactly what the Greeks claim. He states: "It is true that not all of the inhabitants of the area envisaged by the Great Idea were Greek-speakers or even Orthodox Christians". Winnifrith comments as well that in Northern Epirus the Albanian-speakers population was certainly in the majority for the entire second half of the 19th century. He also states that there was a lack of Greek activity such as Greek schools or churches, from as far north as the city of Tepelene to Igumenitsa in the south. John Cam Hobhouse on a journey through Albania and other provinces of Turkey in 1809 – 1810 accompanied by Lord Byron clearly wrote that "Albania began at Preveza,"[31] a city in the north-western Greece where today between this city and Albanian borders is a very long distance.

---

30 . Veremis, 1995: p 16
31 . Winnifrith, 2002: p 122

(III) Minorities and the Greek Orthodox Church (Religion)

The new political situation in Albania after 1991 brought about many political changes within Albania. In 1991 during the first visit to Albania of a Greek Prime Minister for fifty years, it was asked of the then Albanian President to put the Greek Archbishop Yannulatos in charge of the Albanian Autocephaly Orthodox Church. Other requests made were to improve the minority rights of the Greek population in southern Albania especially, and for the preparation of an electoral law where during the first pluralist elections in Albania in 1991 the Greek minority had to be politically represented through an organisation called OMONIA.

In 1991 in the parliament passed a law for the improvement of the minority rights in Albania after which stands the plan for the assimilation of the South Albania. In this way it was given the possibility to the Greek minority as the biggest one in number to have access in politics to the highest instances even in the government administration of that time, education in their mother language and was definitely identified as a ethnic community but Albanian government itself never asked for the rights of Albanian minorities in Greece who suffered a lot and specially after the WW II. "At the end of World War II, the Greeks expelled some 30 000 Albanians (Chams) from Chameri in northern Greece"[32]. "Greece is in breach of European Union and international law applicable to the payment

---

32   . Biberaj, 1998: pg. 15

of compensation and property restitution for the victims of war and ethnic cleansing. Greece as a European Union member is legally bound to respect minority rights and minority cultural rights"[33]. The way how Greek people react these days about Albanian minorities in Greece and also the support by state policies is in an absolute contradiction with the EU legislation.

Alongside other problems that the country itself had, the issue of the "minorities in Albania" was still considered very important. "President Berisha chose to strain relations in 1994 by imprisoning five members of OMONIA on shaky charges of conspiracy against state, and although they were amnestied through American intervention, mutual suspicions persisted"[34].

Straight after the liberation of the Greek agents of OMONIA (who were arrested for smuggling weapons and supplying the Greek minority in Albania), hundreds of thousands of Albanian immigrants were deported from Greece as an active retaliation. Thereafter Albanian foreign policy changed its attitude and started to improve its relationship with Greece; disregarding these conflicts and also the Greek intervention in the Albanian territories cited by Krasniqi that, "Greek army marches in Albanian territories in border point of Peshkepi in 1994 killing two Albanian soldiers"[35]. "In April 1994 the first armed violence broke out, when ethnic Greek paramilitaries, allegedly based on Greek soil, attacked a small military post near Gjirokaster, killing

---

33 . Pettifer and Vickers, 2002: pg. 3

34 . Koliopoulos and Veremis, 2002: pg. 318

35 . Krasniqi, 1997: pg. 18

two Albanian soldiers"[36]. Is that not an intervention while a 'State of War' is still in force? Greek foreign policy has always been the same at every moment of history up until the Cold War when its foreign policy was modernised.

"Disagreements over the status of the church had traditionally been a point of contention between Albanians and Greeks. Viewing church affiliation as a determinant of nationality, Athens traditionally had tended to consider all Albanian Orthodox believers as ethnic Greeks – a position interpreted by Albanians as evidence of Greek irredentist claims to the southern part of the country"[37]. The Archbishop Yannulatos, despite the requests of many Albanians both abroad and within Albania to reject this nomination, was still allowed to run the Albanian Autocephaly Orthodox Church. In this way the promises of the ex patriot former Prime Minister Fan Noli for a separation of the Albanian Orthodox Church from Patriarchate were ignored. An Albanian orthodox priest At Nikolla comments "There is a status for the Albanian Autocephaly Orthodox Church and it has been decided since 1937 on the paragraph of law 16 of the Pan-Orthodox Congress of Berat that it bans the service on the Albanian Orthodox Churches of priests who have no blood affiliation with Albania or Albanian citizenship"[38].

Since the first moment of its existence in Albania until nowadays, this foreign Greek orthodox clergy has been seen as a dangerous enemy in Albania, which has worked hard for the Hellenism of the Southern Albania and the strengthening of the Greek expansionist policies in Albania

---

36 . Vickers and Pettifer, 1997: pg. 198

37 . Biberaj, 1998: pg. 208

38 . Shameti, 2000: pg. 1

generally. "The Church within Greece soon became an arm of the state. Thus, instead of decrying nationalism, as they had before, the Greek clergy were in the forefront of every nationalist effort to expand state boundaries. Moreover, the Greek Orthodox Church became an important institution useful for 'Hellenizing' non-Greek populations within the expanding state boundaries"[39]. "In the spring of 1993 the atmosphere worsened with the arrest and expulsion from Albania of a Greek priest, Archimandrite Chrysostomos, for alleged subversive, anti-Albanian activities; Tirana accused him of abusing his ministry by preaching Enosis (Union with Greece)"[40].

Based on the Greek Constitution, the Greek Orthodox Church is part of the state. "The question of the relationship between the church and educational reform, specifically Law 1566 which points out the fusion of Hellenism and Christianity through Orthodoxy and the unique continuity of both did not allow a break between the two"[41]. The former Greek President Constantine Karamanlis' 1981 statement "The nation (ethnos) and Orthodoxy ... have become in the Greek conscience virtually synonymous concepts, which together constitute our Helleno-Christian civilization"[42] ... "it is impossible to conceive separation of church and state in Greece"[43].

The fact that in Albania during the last nineteen years so many orthodox churches have been built clearly

---

39 . Legg and Roberts, 1997: pg. 15
40 . Vickers and Pettifer, 1997: pg. 197
41 . Constas and Stavrou, 1995, pg. 37
42 . Constas and Stavrou, 1995, pg. 39
43 . Constas and Stavrou, 1995, pg. 41

demonstrates that Greece has carried out an overt policy of spreading Hellenism in Albania.

> "Tirana officially rejected on Friday the Istanbul Patriarchate's request to appoint at the head of the Albanian Orthodox Autocephalous Church three other Greek clergies (after the appointment of Archbishop Anastas Yannulatos in 1991), while Greek spokesman Dimitris Repas said that – these are questions belonging to the church and that it is the power of the church and its bodies to make the choice"[44].

Would it not have been much better if Greece had invested these funds into something else such as building factories, opening new jobs, and reducing the scale of immigration rather than spending millions of dollars by building orthodox churches everywhere? Milosevic in an interview with the BBC claimed that Kosovo is the heart of Serbia because of the monasteries that there are today in Kosovo. Will Greece one day make the same claim about Albania? According to the Greek constitution whereby the church is part of the state this therefore means that it has been an official Greek policy for Hellenism and assimilation of Southern Albania.

The Greek minority in the last nineteen years, and especially since 1997, has experienced great improvements. These improvements have been witnessed in every instance by their representation at the highest level in Albania; e.g. state administration, the army and important ministerial positions within the government. The policy of ratifying the

---

44 . ATA News, 1996, pg. 1

minority rights has been very much one sided process; whilst a lot has been done towards equal rights of the Greek minority in Albania according to the rules of the European Union, it has never been asked for the ratification of the rights of the significantly larger Albanian minority in Greece. Education in the Albanian language and the right for political representation has always been denied by the Greek authorities.

During all visits of the Albanian authorities in Greece during the last nineteen years, the issue of Albanian minorities has never been a high priority issue, indicating that the policy of Albanian government especially after the unrests of 1997 has been more anti-Albanian than the Greek one itself. As well as this fact of not mentioning the issue of its minorities in Greece, the Albanian government has never raised its voice to protect the Albanian immigrants in Greece against whom racial and ill-treatment violence is systematically exercised. While this government does not press for the rights of its current generation of immigrants to Greece, then how can they press for the rights of minority rights already existing in Greece? Even today many Albanians do not know enough or even have some information about this issue, while the Turkish and Macedonian governments are asking for the rights of their minorities in Greece.

The migration of Albanians into Greece was both tolerated and driven by the Greeks themselves for various reasons. Firstly the easy assimilation of Albanians through their baptism in the Greek churches, changing of their names from Albanian into Greek, and also changing their religion in order to stay or to find employment. Secondly through Albanian immigrants as very cheap labour they tried to improve their heavy industry and other parts of the Greek economy which were underdeveloped. Without them the

Greek economy could not increase its level to the standard of other countries of the European Union. "In March 1998 European Commission ruled that 11 of the 15 countries were eligible to precede the EMU in January 1999. The UK and Denmark were to exercise their option out and Sweden and Greece failed to meet one or more of the convergence criteria"[45]. Finally, giving Albanians the right to remain in Greece would demonstrate to the EU Greece's generosity in providing employment for Albanian immigrants. In reality however this was merely to gain extra funding from the European Union, despite the fact that the Albanians were doing jobs that Greeks themselves would not do.

---

45   . John Sloman, 2003, pg 724

(IV) The Greek effect in the Albanian economy, and the Greek Lobby in the USA

For the achievement of the assimilation of the Southern Albania, an important role was played by the Greek Lobby in USA. The Greek Lobby has invested enough by involving many Greek intellectual nationalists in the American administration, which is one of the most powerful countries in world. Nicholas Gage who is the President of the 'Greek Community' in USA, and the President of 'The Federation of Pan-Epirus' is one of the supporters of Greek nationalism. Nicholas Gage is an American citizen of Greek origin, who was born in Lia, a village on the border with Albania. He emigrated to the USA at the age of 10. He is a person *"non-grata"* in Albania for his bad intentions against state where he is accused of financing the massacre of Peshkepi in 1994, and he was denied entry into Albania.

In one comment Gage cites "The rights of the Greek minority in Albania are more restricted now under the regime of Berisha (Democratic System) than they used to be under the communist regime of Hoxha (communist dictator)"[46]. In this way Greece benefited from the absence of a proper American foreign policy in the Balkans, where we saw how much was done in Bosnia and Kosovo where American led intervention was too late, and so Milosevic was left with a free rein in the area. Referring to these events one can easily understand the nationalistic card that Greece was playing at that time.

---

46   . Krasniqi, 1997: pg. 57

During these crises the collapse of the pyramid schemes in Albania took place; get-rich-quick schemes or the so-called Ponzi schemes. "The Italian born immigrant Charles Ponzi offered investors a 50% return on their investment in 90 days. He claimed that he himself was making a 400% return on the money. In fact, he was using the money invested by others to pay out the interest owed. The system did not collapse before ten thousands people invested ten million dollar"[47].

There are also accusations and opinions that Greek elements played an important part in the formation of these get-rich-quick schemes.

"Greek Information Service (EYP) had in detail the pyramid schemes which were functioning in Albania before the unrests of 1997. It has been the year 1996 when Apostollo Vavillis has come to Albania under the mask of the President of 'Elfrone Development LTD'. Vavillis has entered Albania with a false passport under the name Apostolo Kavaleras. After he had stayed in Albania a couple of days, he had made possible to meet the President of the pyramidal firm 'Vefa', Vehbi Alimucaj, one of the biggest pyramidal schemes in Albania. After a long meeting they signed an agreement supplying this firm with secure appliances, CCTV but the real purpose was to collect more information about the pyramids. These appliances cost $ 8000, while the fate of thousands dollars of Albanian creditors is still unknown"[48].

---

47   . Sadiraj and Schram, 1999: p 2
48   . Metaj, 2005: pg. 1

"From 1997 to 1999 it is believed that 200 million US dollars have been transferred to Greece. The implicated persons are a former Socialist Minister and one MP who represents the Greek minority"[49]. The total failure of the Albanian state brought the country into a deep anarchy. The economy was completely paralysed, the country was stateless, and the army was destroyed. As result of that we saw the possibility of Greece achieving the "Megale-Idea" plan.

"The Balkan Tiger, the rise of the shining star, the best student of IMF and other compliments which are not enough to illustrate the development of the first years of democracy in Albania"[50]. That is how Whitehead described the economic development of Albania. However an economic stagnation after such immediate development straight after the political changes in Albania was the best intervention that Greece could do, otherwise the development of Albania would have been a threat to Greece.

Foreign investors started to come and make great investments in different sectors of the Albanian economy. Priority was given to the mineral resources like copper, chrome, and also in agriculture and tourism. Most of the foreign investors left Albania just before the unrests which were bringing the country to anarchy, and these companies were then replaced by Greek companies which intervened very deep in the future development of the country.

Greek elements who invested in bringing in the so-called socialists have both manipulated everything and

---

49   . Shehaj, 2003, pg. 1
50   . Whitehead, 1999: pg. 2

monopolised the economy, preventing other companies from being part of the investments in Albania. "It is significant that in 1997, imports from Greece grew by 43 per cent compared to the previous year, Italian imports increasing more modestly, by more than 8 per cent. Indeed, 75 per cent of all Albanian imports in 1997 came from Greece. Finally, we should also mention the increase in construction (over 70 per cent of such goods were imported from Greece in 1997), one of the most active ones in Albania"[51].

While today twelve years later we can see how deep the Greek influence has penetrated the Albanian economy. 70% of the Banking sector is run by Greek companies. The telephony companies are in the hands of Greek companies. Albania had to be destroyed in order that Greece could be the main supplier and importer of goods of any kind to Albania. It also had to destroy the agriculture industry of Albania, in order that Greece would still remain the main supplier of its own agricultural products. Destruction had to take place in the construction industry in order that Albania would import its main products from Greece.

Through Greek propaganda Albanians had to be convinced and also agree to the fact that Greece is a very generous country, leaving "half a million Albanians"[52], to remain there despite the fact of the systematic violence and racial behaviour exercised against Albanians. "Greek police action has been firm, not to say brutal on some occasions, with deaths of Albanian refugees and there have been numerous accusations of human rights violations"[53]. Greece was

---

51 . Vaughan-Whitehead, 1999: p 281
52 . Korovilas, 2005: pg. 235
53 . Pettifer, 1993: pg. 178

criticised by the U.N for violation of human rights. "In its March assessment of Greece's record on discrimination issues, the U.N. Committee on the Elimination of Racial Discrimination failed to acknowledge Greece's systematic discrimination against Roma, Albanian migrants, and other minorities or to make specific recommendations to assist the government in remedying these violations"[54].

The European Union introduced a similar report about human rights in Greece where Greece was criticised as follows; "European Union criticized Greece for discrimination and ill-treatment of the Turkish, Roma, and Albanian minorities and the failure of Greek authorities to abide by final judicial decisions"[55]. It is not a coincidence that these two international institutions, the U.N and the EU, have criticised Greece for violence, discrimination and ill-treatment towards immigrants or minorities. This is however an appropriate criticism towards the Greek government.

The economic boom that had started, along with the enthusiastic view of democracy, the improvement of security and order, and the restart of using Albanian natural resources through foreign investment would put Greece at risk through reducing the incomes of Greek tourism upon which the economy is based. The development of Albania would have meant a lot for Greece, because Albania could have been a new destination for tourists meaning that Greece would have lost lots of Western European and American tourists. "Greece vetoed a loan to Albania by the European Union of 35 million ECU"[56]. The Greek Lobby in USA did

---

54 . World Report 2002, Human Rights Developments/Watch
55 . World Report 2002, Human Rights Developments/Watch
56 . Vickers and Pettifer, 1997: pg. 198

exactly the same. "The White House, under strong Greek pressure, put on hold plans for a $30 million Albanian-American Enterprise Fund"[57].

"The powerful Greek lobby in the United States took up the cause of Albanian's ethnic Greeks"[58]. The Greek Lobby had its duties, spreading information that Albania was a country which does support terrorism where the majority of the population are Muslims even though there are four religions and the people live in a great harmony together. "Albania was seen in the Greek popular press as little more than part of covert Islamic conspiracy to encircle Greece"[59].

As result of this factor, for a while Albania was qualified as an anti-American country that supports terrorism. Albania was qualified a 'no-go' country for American citizens. The Greek Lobby had persisted relentlessly in ensuring the replacement of the American ambassador William Ryerson. Public opinion of him within the Greek Diaspora was unsettled for not promoting the issue of the Greek minority in Albania and the improvement of their rights and conditions. From the Greek point of view a replacement was seen as giving them easier access according to their nationalist plans. "Athens and Greek American Lobby exerted considerable pressure on the White House to convince Berisha to release five ethnic Greeks, members of the OMONIA organization, who had been arrested, tried on espionage charges... the U.S. policy in this instance was too

---

57 . Biberaj, 1998: pg. 244
58 . Biberaj, 1998: pg. 244
59 . Vickers and Pettifer, 1997: pg 198

heavily influenced by Greek American community and that Washington favoured Athens over Tirane"[60].

---

60   . Biberaj, 1998: pg 233

(V) The denunciation of the Greek influence

The year 1997 marked the peak of the crisis in Albania. On 8th of March 1997 in an interview President Berisha asked the Albanian people to calm down, otherwise the old chauvinist map of Vorio Epirus is about to be redesigned. Also on 20th March 1997 President Berisha explained in front of MP-s some important events during his time as President; "The incident organized by Nicholas Gage and Greek lobby during his visit in USA in September 1995 and he goes on that the affect of Greek lobby in American politics has been his most dangerous enemy"[61].

To bring Albania out of chaos it was necessary to build a technical government for a national conciliation. After these events, one could start seeing the most anti-Albanian figures in the political arena. Greek authorities did not act openly anymore while the elections were set up to take place on 29th of June 1997, and foreign peacekeepers came into Albania under the "Alba Mission" to police fair elections. The plan of the Greek authorities was masked, and supported by these people who came into power themselves. These people in power (socialists) were supported and sponsored by Greek nationalists thus forming a mutually beneficial and interdependent relationship. "There is still a question mark how the most dangerous Albanian criminals serving their sentences in Greek prisons could escape within first 10-15 day of the riots in Albania, where these criminals immediately became not just simply participants of the riots but leading characters"[62]. The elections on the 29th of June

61   . Krasniqi, 1997: pg. 189, pg. 221
62   . Krasniqi, 1997: pg. 104

brought the so-called socialists into power. Most of these were former communists who had rebranded themselves as socialists straight after the political changes of 1991. They were however the best actors to support the Greek plan of the 'Megal-Idea'.

After the end of its duty all the peacekeepers of the "Alba Mission" (International Mission led by Italy and ten other nations to ensure free and fair election), left Albania except the Greek troops. They remained under the excuse of organizing and train the Albanian armed forces, in cooperation with Greek military advisers, even though no mandate or military agreement was made through the international institutions in this respect. Politically and juridicially this fact meant the invasion of Albania by Greece, because of the reason that a 'State of War' was and is still existent between both countries dating back to the 1940 Italian-Greek war. Despite of the different agreements and corporations in different areas Albania is still an 'Enemy Country' for Greece. De juro and De Facto this is an invasion while Albanian is still legally known as an 'Enemy Country'. These events were seen as an economic, political, and cultural invasion of Albania. As Biberaj comments "it is a bad idea to have Greece Albanian's political reconstruction, let alone rebuild the Albanian military"[63]. The real mission of the Greek solders left in Albania was seen in the forthcoming days by the oppression and repression of the Albanian people who protested against the political assassinations of opposition members, and patriots who had always strongly opposed the nomination of the Greek Archbishop Yannulatos in charge of the Albanian Autocephaly Orthodox Church.

---

63   . Biberaj, 1998: pg. 342

At the end of March 1997 the former Director of SHIK-u (National Information Service) B. Gazidede in a speech in the Albanian Parliament, made direct accusation of all what happened. He addressed it to "the former Albanian communist Chief Military of the General Headquarter Kico Mustaqi who was serving to the Greek Secret Services as supplying important, detailed information over the army and where everything was located"[64]. In his opinion it was former Albanian communists who had held important governmental and military positions who were both involved with, and supplying important information to, the Greek agents. Gazidede also declared that Greek Secret Services had been prepared for a military intervention since 1990. "The Foreign Greek Policy had to deal with three problems like Cyprus, Constantinople and Vorio Epirus (Northern Epirus), but the last one would be essential for Greece to be achieved before the Cyprus and Constantinople"[65]. He adds that, "Viron Bozo former director of the Greek Secret Services in his 'Biography' book edited in 1990 he has written that Vori Epirus belongs to Greece and proposes that Albania should be divided between Greece and Serbia"[66]. This was the first time Gazidede had revealed such facts, therefore blaming Greece for the destabilisation which was occurring.

He also said that; "It was the Conservative government of Micotaqis in 1991-1994 that worked openly for assimilation of Vori Epirus. After this time the policy was modernised while the nationalist role was taken over from the biggest Greek

---

64 . Krasniqi, 1997: pg. 224-227
65 . Krasniqi, 1997: pg. 224-227
66 . Krasniqi, 1997: pg. 224-227

organization 'PAOKA' located in USA and lead by Nicholas Gage, a person with strong influence in USA politics. He also cited the role that the CIA played during these events in Albania where George Tenet the chairman of CIA who's origin is from Southern Albania (Himare an area inhabited by the Greek minority), where both Tenet and Gage visited Himare and the South region of Albania in 1995"[67].

(Mr. Tenet, in December 1999, during a speech at a conference of the Hellenic Medical Society of New York was noted that his speech included a reference to his mother's migration from Albania as follows: 'My mother escaped from Northern Epirus on a British submarine a step ahead of the communist takeover and the closing of the border, never to see her family again'). It is important to note that those who support this claim refer to South Albania as Northern Epirus. Bashkim Gazidede criticised the Greek Media for the disinformation and the negative influence it played during the unrests in Albania.

(VI) Instances based on Media Analysis

"Chameria extends from Ionian coast to Ioannina Mountains in the east and in the south as far as the Preveza gulf. Today only seven Cham villages are in Albania itself. In 1944, in an attempt to establish an ethnically pure border region, the Greek government unleashed a region of terror in Chameria, as the result of which some 35,000 Chams fled to

---

67 . Krasniqi, 1997: pg. 224-227

Albania and others to Turkey"[68]. "Roma gives to Albania the region of Chameria. In Greece, there is neither area called Chameri nor Chamer. Perhaps Chameri is somewhere in the other side of Tirana or Ancona in Italy therefore Italy could give it to Albana if willing to do so. It is known the fact that Italy together with Austria have intended always to give Northern Epirus to Albania. Albanian a nation created in 1912 who are Islamic servants of the Ottoman Empire became a state from the assistance of Italy and Austria damaging Hellenism …"[69]. Even though this article has been edited from one of the most extreme Greek newspapers at the same time it represents the policy of Hellenism which is supported not just from Greek extremists but even from state authorities.

President of the Republic Kostis Stephanopoulos addressed a message to expatriate Greeks on the occasion of the Christmas and New Year holidays. "All of you Greeks, who live and prosper in various places of the world with your ever lively national conscience, function as the 'other' Greece … and Mr. Stephanopoulos also spoke about the World Council of Hellenes Abroad (SAE), saying that the organisation was a great help in promoting issues which relate to the further progress of Greek expatriate communities. Unity among the people and their organisations in all corners of the world was of vital importance to them. We need knowledge, prudence, merit and braveness in order to be able to sail again in the open seas, go through rough seas and obstacles and to defend Hellenism and Orthodoxy internationally"[70]. (President of the Hellenic Republic Kostis

---

68 . Vickers and Pettifer, 1997: pg. 207
69 . Stocho Newspaper, June 1996, pg. 2
70 . Athens News Agency –ANA-, 24/12/1997

Stephanopoulos in his visit to some villages in Southern Albania describes his tour as a "pilgrimage to the Greeks of Northern Epirus"[71] during a speech on Wednesday evening.

Not just the most extreme Greek nationalists consider Southern Albania as Northern Epirus, but even the president the highest authority of the Greek state. The term "Northern Epirus" is used exclusively by Greek radicals to describe what Southern Albania in fact is, and that these radicals have as their common objective the annexation of Southern Albania by Greece. These materials have a very significant meaning when analysing all that happened in Albania from the end of 1996 throughout 1997. These articles and many others similar to these are proof from Greek media itself of the policy of Hellenism in Southern Albania, and its full annexation as well as the political and economic dependency of Albania.

During 1997 Albania had fallen into anarchy. On 18th of March 1997 "The Greek Foreign Under-secretary Yiannos Karanidiotis ended a two-day visit to southern Albania, where he met with representatives of the ethnic Greek minority, local authorities and representatives of citizen's committees (Salvation Committees) in Gjirokaster"[72]. First of all a meeting with citizen's committees or the so-called the Salvage Committees who were considered as illegitimate groups who did nothing but burn and destroy everything important in the Southern cities of Albania. A meeting with such groups could mean nothing else but simply showing

---

71   . Tzimas, 2004, pg. 1 –ANA
72   . Hellenic Republic, Embassy of Greece, 20th March 1997

the cooperation of these groups with the Greek state and the conspiracy that Greece had to destroy Albania.

This visit was even reported from the Spokesman of the Albanian Prime Minister as Tirana was not informed for the visit. "With regard to the recent visit of the Greek Deputy Foreign Minister, Karandiotis, to Albania (Gjirokaster and Sarande) the spokesman of the Prime Minister confirms that Mr Fino had no knowledge of the time and agenda of his meetings .... and the realisation of the visit should have been made through diplomatic channels"[73].

These were the peak of Greek actions towards Albania, and however the denouncement of the international community decreased the scale of the actions towards Albania. The Italian newspaper 'Corriere Della Sera' writes the article: "Nationalist Circles from Greece Involved in Albanian Unrests - 'South in the eve of Anarchy' "; "A prominent Greek lawyer, Mr. Alexandros Lykourezous, is trying to co-ordinate the efforts of the Albanian insurgents in the South. Mr Lykourezos is reportedly travelling from Sarande to Gjirokaster, Delvine and Tepelene, and is meeting with local leaders. He seems to mediate between them so they appear as a 'single voice' in the anarchy in Southern Albania. The involvement of Mr. Lykourezos into Albania is extremely dangerous development which marks a turning point in the Albanian crisis. Mr. Lykourezos is one of the most prominent members of the so-called Epirotic Movement in Greece, which aims the dismemberment of Albania and the incorporation of Southern Albania into Greece. Mr. Lykourezos has reportedly been very instrumental in the case of Darko Asasin, the Serb criminal who killed Mr E.

---

73   . Albanian Telegraphic Agency -ATA-, 19th of March 1997

Hadri some years ago. Mr. Lykourezos succeeded in having Mr. Asasin extradited to Serbia and not to Belgium, despite the numerous attempts by the Belgian government. Finally, Mr. Lykourezos is going to represent Mr. Ratko Mladic, the Bosnian -Serb general who is wanted for war crimes by The War Tribunal in The Hague, The Netherlands. Any involvement, either official or informal, by a neighbouring country into Albanian domestic affairs, especially in the present crisis, is disturbing and worrisome. The international community must ensure that the borders of Albania be guarded and secured by infiltrations of disruptive elements into Southern Albania. This can be done, perhaps, in the form of a UNPREPED mandate. It must not tolerate any violation of Albanian's sovereign rights even in cases where they are disguised under 'personal mediation efforts'. Also, the international community must contemplate and implement the immediate deployment of an international police force that would help the present Government of National Unity restore order and secure free and fair elections in the country. Finally, all the Albanian people must be very vigilant, and not fall prey of attempts of manipulation and engineering of the domestic crisis for extremely dangerous goals which are seriously threatening peace in the Southern Balkans and Europe"[74].

The former Turkish President Demirel and the former Prime Minister Çiller made a similar denouncement in the days of the Albanian crisis, where they both expressed: "We openly condemn any actions from any Foreign Secret Services which damages the territorial integrity and the independence of Albania and such thing would never be

---

74   . Ferrari, 12 March 1997: pg. 8

tolerated from Turkey"[75]. S. Aloglu the chairman of the foreign policy in the Turkish Parliament declared: "Turkey considers the recent events in Albanian, not just simply events as result of the pyramidal schemes, but as well as result of actions of some foreign and interior elements who are interested on the destabilization of Albania"[76].

The Turkish Newspaper 'Zaman' on 16th of March1999 contains the article 'Greek Plot towards Albania'. "Greece is looking for a separation of Albania which aims the foundation of the Greek Orthodox Republic with some other parts. According to the International Relations Agency (INAF) the Greek secret actions have been under the surveillance of the Turkish Secret services. This service has discovered that Greece has planned, especially in the last two years, to prepare orthodox Albanians and train them in the Greek part of the Island of Cyprus, in Albania and in Greece for the foundation of the Greek Orthodox Republic. About two hundred young Albanians of Greek origin from Northern Epirus have been trained as police officers and as secret agents in the Greek side of Cyprus. It has been reported that one part of the money collected through the campaign organized by the Greek-Cypriote church has been sent to Albania where one hundred women have been trained under the mask of nurses. Meanwhile it has been discovered that agents of the Greek Secret Services have crossed the border and have been settled in the Orthodox Churches masked as priests since 1993. In the last two years one thousands young Albanians of the Greek origin have crossed the border for different reasons and to be trained as commando, as well as forty Greek officers have been specialized how

---

75 . Krasniqi, 1997: pg. 246
76 . Krasniqi, 1997: pg. 246

to organize Albanian orthodoxies. There are reports that Greece has supplied Albanians of the Greek origin with one thousands Kalashnikovs. Diplomatic offices have expressed their concerns that Greece is attempting to create in Epirus an analogue situation to the one in Cyprus"[77].

All these articles of international media explain clearly that the collapse of the Albanian state had an alternative scenario, and they unmasked the Greek intentions to fulfil their old plan of assimilation and its full annexation of Southern Albania. During the last nineteen years Greece has applied the 'stick and carrot' approach. Greece attempted to achieve its plans by using the stick during the last fifteen years, the peak of its actions being mounted during 1997, but fortunately Greece never managed to realise its plan. However as Greece has failed to realise its dream by using the 'stick' Greece therefore started to use the 'carrot'. Greek Euro MP Jorgos Karaxaferri, in a speech in the European Parliament demanded that financial assistance to Albania by the European Union should only be offered on a conditional basis. This conditionality being that Albania should recognise 'the Protocol of Corfu' affiliated with the issue of Northern Epirus. Knowing the importance, appeal and depth of meaning the issue of EU integration has to Albania, Greece is now using all its options to delay Albania's integration into the EU. It is doing this by presenting tough rules and coming up with difficult proposals which will be disadvantageous to Albania. Greece used the NATO integration in the Macedonian case to achieve what they wanted by introducing the veto and also proposing a conditional integration of Macedonia in NATO; this condition being that Macedonia changed its name. Through the same

---

77   . Zaman Newspaper, 16th of March 1999

processes of Greek manoeuvres integration into EU will be at Albania's cost.

Conclusion

This project is focussed on Greek nationalism and its claims on the Southern Albanian territories. This project is based on the nationalistic claims of Greece towards Albania. From different academic sources, and even from the Greek media itself, we are informed about the intentions of Greek circles on Albanian domestic affairs. This work serves to understand the actions that Greece has constantly taken to assimilate and Hellenise Southern Albania, so that in the near future they can achieve the annexation of this part of Albania.

Greek nationalism has been firm on territorial expansions, and it was nowhere easier to apply this than towards Albania. Being a state with both fragile democracy and institutions Albania could not resist this Greek influence, during the last nineteen years. Other supporters of the Greek state such as the Orthodox Church and the Greek Lobby in USA played their role in assisting the fulfilment of the plans of Greek nationalism. There are also accusations of Greek authorities being behind the collapse of the Albanian pyramidal schemes were another shock for the state which turned the country into full anarchy.

The lack of a proper US policy in the Balkans gave free rein for Greece to play its nationalist card in Albania, and also for Serbian nationalism in Bosnia and Kosovo. Therefore the international community had to intervene in order to stop further Greek nationalist developments in Albania. As Biberaj says that "the international community has a stake in Albania's stability and prosperity" (Biberaj, 1998: p 359). As result of this involvement by the international community, what remained to be seen in the forthcoming days were the masked actions of Greek nationalist supporters into Albanian internal affairs.

As a final point it remains to be seen how this issue will progress since the Socialists in Albania have transferred their power to the Democratic Party. The Democratic Party has previously been severely attacked for being authoritarian and not caring for the rights of the Greek minority by the Greek Lobby in the USA, the Greek government, and also by the Greek minority itself. It also remains to be seen if the Greek companies that actually operate in Albania, if they will cooperate with the Albanian government, or will cause another failure to the state. These Greek companies play a vital role in Albania's economy as they run most of the banking system and telecommunications sector.

I have come to the conclusion that nationalism is neither a good thing nor a bad thing, or to express it differently nationalism is both bad and good. Nationalism is not good when it is exercised to the extent of threatening the integrity of another nation as Milosevic did in the Balkans (e.g. the former Yugoslavia), and as Greece demonstrated against Albania (especially during the post dictatorial years), as well as against Macedonia. Nationalism however is not bad when one seeks to defend the interests of the nation and not to allow anyone to impinge upon territorial integrity. The Albanian political elite during the last nineteen years seemed to be lacking in patriotism and its defence of Albanian national interests, simply because they were afraid that if they raised their collective voice they would lose their positions of power. Critical moments during these nineteen years are; the passivity of the socialist government in 1991 where the Albanian government fully accommodated the requests of the Greek government regarding Greek minority rights, but never asked for Albanian minority rights in Greece; the next government that came into power in 1992 which was run by the Democratic Party until 1997 could not put pressure onto the Greek government, neither raising the issue of the ill treatment of Albanian immigrants in Greece to the international institutions, nor the issue of compensating the Çam population that was forced into exile in Albania after the WWII. It is also important to mention the fact that how in the last few years, the Albanian emigrants residing and living in Greece legally face long waits for days, up to a week in custom border crossings when they are returning from their holidays from Albania. Their delay is not justified at all while the Greek authorities explain it with some ridiculous reasons and excuses of why this happens. Albanian governments, the current and the previous ones, have never made pressure towards Greek authorities or even criticised them for their unjustified actions.

Fatos Nano and his government also suffered from the same phenomenon. His and the government's goal were to come to power regardless of the costs that the nation would face. With Albania at that time being burned out and on the brink of breaking up, nothing else could be expected from his government therefore but that they became a tool of Greece's plans. *(Fatos Nano for personal interests signed a contract with the Italian government to sell one the most important oil centres in Vlore for the amount of £30 million euros, which is a ridiculous amount compared to the economic consequences this would cause to Albania in the days to come. Fatos Nano a former University of Tirana Lecturer in Economics should have known that the mathematic and economic calculations would be disadvantageous for the Albanian economy. In the short terms such a contract seemed like an economic profit for*

Albania as £30 million euro would be invested in improving the infrastructure of the country. That would be true if the money would not be deposited in personal bank accounts in Greece or Switzerland. As result of this investment of course some new jobs were created and therefore the area would see an economic boom, but in long terms Albania would face an economic drainage because the income that the Italian company makes will of course be transferred, deposited and invested in Italy).

When the Democratic Party came to power again in 2005 it increased the hope of Albania for integration into the EU, which once again pitted Albania against Greece. Here Greece had another opportunity to realise its interests of fulfilling its old dream of the 'Megale-Idea' by manipulating Albania to satisfy their demands. If these demands were not met Greece would delay the process of Albania's integration into EU, or even stop it completely by the use of their veto. The current conflict over the water territories agreement with Greece is another punishment for the Albanian economy, because the gas pipes will no longer pass through the Albanian water territories as they will now be part of the Greek water territories. This will therefore purely benefit the Greek side of this arrangement.

While Albania is working on its reforms and preparing for EU membership where the significance of the border issues with Greece will fade to some extent. I therefore believe it is necessary to look at the possibilities of close cooperation based on the cultural similarities that these two nations have, rather than looking at the differences. It is worth reminding the Greek government to focus on cross-border, cultural and socio-economic cooperation, and to leave to one side for once and for all any nationalistic claims. We are aware of the fact that Southern Albania and North-Western Greece have a great potential for tourism. Therefore close cooperation between these two nation-states to create a Euro region would be a project which could secure funds from the EU. This in turn would have a major and positive effect on the development of this region in general.

BIBLIOGRAPHY

1   –Anderson,B.   (1983)   Imagined   Communities London:Verso

2   –Biberaj, E. (1998) Albania in Transition – The Rocky Road to Democracy USA: Westview Press

3   -Constas, D. and Stavrou, T. eds (1995) Greece prepares for the Twenty-first Century Washington: The Woodrow Wilson Centre Press

4   -Durham, E (Translated by H. Thanasi) (2000), Burden of Balkans, Tiranë, Argeta-LMG

5   –Flynn, K (2000) Ideology Mobilization And The Nation Great Britain: MACMILLAN PRESS LTD

6   -Koliopoulos, J. and Veremis, T eds (2002) Greece the Modern Sequel United Kingdom: C. Hurst and Co.

7   – Korovilas, J. (1998) People in Search of Work – Albanian Migrants in Greece *Economics Working Paper*, Bristol: University of the West of England

8   – Krasniqi,A. (1997) The Fall of Democrcay Tirane: Eurolindja

9   -Legg, K. and Roberts, J. eds (1997) Modern Greece – A Civilization on The Periphery USA: Westview Press

10 –Mayall, J. (1994) 'Irredentist and Secessionist Challenges' in Huttchinson and Smith eds <u>Nationalism</u> **Oxford: Oxford University Press**

11 -Pettifer, J. 1993 <u>The Greeks – The Land And People Since The War</u> **England: Penguin Group**

12 –Renan, E. (1994) 'Qu' est-ce qu' une nation'? in **Hutchinson and Smith eds** <u>Nationalism</u> **Oxford: Oxford University Press**

13 -Poole, R. (1999) <u>Nation and Identity</u> **London: Routledge**

14 –Schopflin, G. (2000) <u>Nations Identity Power</u> **London: C. Hurst & Co (Publishers) Ltd**

15 – Sloman, J. (2003), <u>Economics</u> **5th edition, Essex: Pearson Education Ltd**

16 –Smith, D. A. (1991) <u>National Identity</u> **Cambridge: Penguin Group**

17 -Smith, D. A. (2001) <u>Nationalism</u> **Cambridge: Polity Press**

18 -Smith, D. A. (1998) <u>Nationalism and Modernism</u> **London: Routledge**

19 -Vaughan-Whitehead, D. (1999) <u>Albania in Crisis: The Predictable fall of the shining star</u> **Cheltenham: Edward Elgar,**

20 -Veremis, T. (1995) <u>Greece's Balkan Entanglement</u> **Athens: Hellenic Foundation for European and Foreign Policy**

21 - Vickers, M. and Pettifer, J. eds (1997) <u>Albania From Anarchy to a Balkan Identity</u> **London: Hurst & Co**

22 – Vickers, M. and Pettifer, J. eds (1999) <u>Albania From Anarchy to a Balkan Identity</u> 2nd **edition, London: Hurst & Co**

23 -Vickers, M. and Pettifer, J. (2002) <u>The Challenge to Preserve the Chams</u>, **London: A & C Black. (www. aacl.com/Chameria -Pettifer-1.htm)**

24 -Wessels, M. (2002) <u>Nationalism Construct or Reality</u> **Oldenburg: Moormerland p. 4**

25 –Winnifrith, J. T (2002) <u>Badlands ~ Borderlands, A History of Souther Albania / North Epirus</u> **London: Gerald Duckworth & Co**

26 –Zilja, G. (2003) <u>I Saw Who Burned Vlora</u> **Tirane: Konica**

NEWSPAPERS, MAGAZINES, INTERNET

27 –**Albanian Telegraphic Agency –ATA-, (19**[th] **of March 1997)** <u>Report of the Spokesman of Albanian Prime Minister</u> **Albania:** <u>http://www.hri.org/news/balkans/ ata/1997/97-03-19_1.ata.html#08</u>

28 - – **Athens News Agency –ANA-, (24**[th] **of December 1997)** <u>Stephanopoulos message to expatriate Greeks</u>

Greece: http://www.hri.org/news/greek/apeen/1997/97-12-24. apeen.html

29 - **Albanian telegraphic Agency -ATA News, (3ʳᵈ of August 1996, p 1)** Request of Istanbul Patriarchate Refused **http://www.hri.org/news/balkans/ ata/1996/96-08-03.ata.html**

30 **–Bakaoukas. M cited in** Modern Greek National Identity **Athens: Bartzoulianoy Publishing Co** (http:// radicalacademy.com/studentrefpolitics22mb.htm)

31 **- Ferrari, A (12 March 1997)** Nationalist Circles From Greece Involved in Albanian Unrests – 'South in eve of Anarchy' **Italy: Corriere Della Sera Newspaper**

32 **- Hellenic Republic, Embassy of Greece, (20th March1997)** Karandiotis ends two-day mission to Southern Albania **New York:** http://www.greekembassy. org/Embassy/content/en/Article.aspx?office=2&folder=257&a rticle=1713

33 **– Shehaj, P. (2003)** The Owner of 'Silva' company: Malaj and arapi have stolen $ 40 million **Tirane: Koha Jone Newspaper**

34 **--Metaj, A. (2005)** Skampa Newspaper **Albania**

35 **-Sadiraj and Schram eds (1999)** Informed and Uninformed Investors in an Experimental Ponzi Scheme **Amsterdam** http://www.google.co.uk/search?hl= en&q=Sadiraj+and+Schram%2C+1999&btnG=Google+Searc h&meta=

36 – **Shameti, S. (2000)** <u>Only Albanian</u> **Elbasan: ALBA** (<u>www.alba-net.com</u>)

37 – **Sowards,S. (1999)** <u>Greek nationalism, the "Megale Idea" and</u>
<u>Venizelism to 1923</u> (<u>http://www.lib.msu.edu/sowards/balkan/lect14.htm</u>)

38 –**Tzimas,S. (21/10/2004)** <u>Stephanopoulus visits Greek villages in Albania</u> **Tirana: ANA** (<u>http://www.greekembassy.org/Embassy/content/en/Article.aspx?office=2&folder=691&article=14169</u>)

39 –**Xenitidou, M. (2004) Greek National Identity Thessalonica, Greece: (www.lse.ac.uk/collections/hellenicObservatory/pdf/2ndSymposium_papers_pdf/Maria_Xenitidou_Paper.pdf)**

40 – **Stochos Newspaper (15 June 1996)** <u>Roma Gives the region of Chameria to Albania</u> <u>http://www.freeblognetwork.com/gazetashqiptare/492/</u>

41 - **Zaman Newspaper, (16ᵗʰ of March 1999)** <u>Greek Plot Towards Albania</u> **Turkey:** <u>http://www.freeblognetwork.com/gazetashqiptare/492/</u>

42 –**World Report (2002)** <u>Human Rights Developments/ Watch</u> <u>http://www.hrw.org/wr2k2/europe10.html</u>

Nacionalizmi grek në fokusin e marrdhënieve me Shqipërinë

Bledar Meti

authorHOUSE®

AuthorHouse™ UK Ltd.
500 Avebury Boulevard
Central Milton Keynes, MK9 2BE
www.authorhouse.co.uk
Phone: 08001974150

First published by AuthorHouse 5/27/2010

ISBN: 978-1-4520-0936-0 (sc)

This book is printed on acid-free paper.

Permbajtja

Rreth Autorit

Bledar Meti u lind me 04 dhjetor 1977 në Berdicë të Shkodrës. Mbaroi shkollën 8- vjeçare dhe të mesme në gjimnazin " Frederik Gjoni" në Berdicë. Në vitin 2000 është diplomuar në Fakultetin Histori - Filologji, Dega "Histori – Gjeografi" të Universitetit, "Luigj Gurakuqi" të Shkodrës.

Kur vazhdonte studimet e larta, në prill 1999 deri në shtator të atij viti, u angazhua e punoi si përkthyes nga gjuha anglisht në shqip pranë shoqatës bamirëse "Christian Aid" e cila ishte në një mision për të ndihmuar refugjatët kosovarë gjatë luftës në Kosovë.

Në vitin 2001 shkoi në Angli ku diplomohet në Shkenca Politike dhe Marrëdhënie Ndërkombëtare me titullin "BA Hons" në Universitetin Perëndimor të Anglisë në Bristol, Mbretëria e Bashkuar. Pas 4- vitesh studime, në 2006$^{-ën}$ mori Diplomën. Në vitin e dytë të studimeve, vazhdoi përgatitjet në Universitetin "Carl Von Ossietzky", Oldenburg në Gjermani si pjesë e programit "ERASMUS", organizuar nga Bashkimi Evropian.

Pas mbarimit të vitit të dytë në Gjermani, bëri praktikë tre - mujore në "Bundestag", në Parlamentin Gjerman, Berlin me deputetin Kristian Demokrat, Ralf Göbel duke ndjekur axhendën ditore të deputetit, duke e asistuar atë në

kërkime me tema të ndryshme dhe shkroi disa artikuj në *"Newsletter"*,*(fletë – palosje)* për elektoratin lokal. Pas diplomimit, rikthehet në Shqipëri për të punuar në Ministrinë e Jashtme, në zyrën e marrdhënieve me vendet fqinje: Greqi, Turqi dhe Itali nën projektin "Kthim për një të ardhme më të mire" ku punoi për disa muaj. Më pas rikthehet edhe një herë në Mbreterinë e Bashkuar ku punon si Këshilltar në Departamentin e Punëve dhe Pensioneve.

Veprimtaritë e tij të tanishme përfshijnë politikën Ballkanike dhe veçanërisht atë Shqiptare si dhe politikën Evropiane dhe Bashkimin Evropian. Flet dhe shkruan rrjedhshëm: anglisht, gjermanisht dhe pjesërisht spanjisht.

Autorin mund ta kontaktoni tek adresa e e-meilit: ble-darmeti@hotmail.com

MIRENJOHJE

I jam mirënjohës Kate Flynn, specialiste në fushen e nacionalizmit dhe pedagoge në Universitetin e Anglisë Perendimore në Bristol për mbikqyrjen gjate punimit në këtë projekt. I jam shumë mirënjohës dhe kolegut tim Mark Allen për ekspertizën e tij të vlefshme. Njëkohësisht dua të falenderoj Broz Simonin per perkrahjen dhe sygjerimet e tij për të realizuar këtë libër si dhe Mikel Pjetrushin për komentet mbi këtë temë. Bledari i është gjithashtu mirënjohës Nick Holmes për dezinjimin e kopertinës së librit.

Gjithashtu falenderoj familjen time, në veçanti prindërit e mi të cilëve u dedikohet ky liber, si dhe bashkëshorten time të dashur Jonilda sëbashku me vajzen time Melisa.

Autori

Përmbledhje

Ky projekt ka si qëllim të analizojë efektet e nacional-izmit grek në marrëdhënie mes Greqisë dhe Shqipërisë. Në mënyrë që të vazhdoj më tej për të trajtuar këtë temë, është e nevojshme, së pari të fokusohemi në teorinë e nacionalizmit që është një çështje e kontestueshme dhe më pas të aplikojmë llojet e nacionalizmit që janë më të përshtatshme për këtë rast. Një analizë mbi nacionalizmin grek, në përgjithësi, do t'i bënte më të qarta ngjarjet e mëvonshme që kanë ndod-hur mes këtyre dy vendeve gjatë periudhave të ndryshme, vaçanërisht në nëntëmbëdhjetë vitet e fundit. Analizimi i mediave do jetë një tjetër ilustrim që do ta bëjë më të qartë argumentin.

PARATHËNIE

Është për t'u përshëndetur fakti që çështja e marrdhënieve Shqipëri-Greqi në bazat e marrdhënieve nacionaliste po trajtohet në qarqe akademike brenda dhe jashtë Shqipërisë. Në Shqipëri kjo është një çështje tepër e rëndësishme bashkëkohore ku shumë shpesh është në qendër kryesore të mediave vizive dhe të shkruara. Autori Bledar Meti duke u ndodhur jashtë influencave të përditëshme gjatë këtyre dhjetë viteve të fundit dhe duke reflektuar nga përqasja moderne,dhe shkencore ndaj këtij problemi në librin e tij ai sjell një analizë serioze dhe realiste në përshkrimin e kësaj çështje dhe në natyren dhe veshtirësitë që kjo temë paraqet.

Ka shumë pika për diskutim si nacionalizmi grek, influenca greke në ekonominë shqiptare, çështja Çame, pretendimet territoriale greke, integrimi i Shqiperisë në Bashkimin Evropian. Gjithë këto çështje të përmendura më sipër, - a do ndikojnë në integrimin e Shqipërisë në Bashkimin Evropian dhe sa do ti kushtojë ky process Shqipërisë? A do marrë drejtim zgjidhje çështja Çame? Si i kanë përballuar dhe si do i përballojnë klasat e ndryshme politike shqiptare këto presione të jashtme? Libri përpiqet tu japë përgjigje këtyre pyetjeve, duke identifikuar dhe analizuar të kaluaren, të tashmen dhe të ardhmen me gjithë problemet dhe sfidat

që kanë lënë pas dhe ato me të cilat përballen dhe do të përballen në të ardhmen. Autori gjithashtu bën dhe një analizë faktorëve të brendshëm dhe të jashtëm, natyren dhe rolin që aktorët ndërkombëtarë luajtën. Ai në fund të librit argumenton që procesi i integrimit të Shqipërisë në Bashkimin Evropian mund të jetë një ndër proçeset më të rëndësishme për të mbyllur kapitullin e pretendimeve territoriale të Greqisë ndaj Shqipërisë dhe për ta çuar çështjen Çame në institucione ndërkombëtare ku dhe mund ti jepet një zgjidhje përfundimtare.

Libri është bazuar në një bibliografi të pasur, libra e studime, informacione, artikuj e analiza në median e shkruar dhe elektronike (shqiptare dhe të huaj), dokumenta dhe raporte zyrtare të organizatave dhe institucioneve ndërkombëtare. Fakti që autori u lind dhe u rrit në Shqipëri por gjithashtu dhe që jetoi jashtë territoreve ballkanike në dhjetë vitet e fundit, e vë autorin në një pozicion ku arrin ta shikojë këtë çështje në të dy prespektivat, në atë të brendëshme dhe atë të jashtme. Gjithashtu gjatë ndjekjes së studimeve në Britaninë e Madhe, Bledari studio lëndën e nacionalizmit e cila qe dhe një lloj frymëzimi dhe rriti eksperiencen e tij në analizimin e çështjes së nacionalizmit.

Ky botim është një kontribut i rëndësishëm në pasurimin e literaturës shqiptare dhe atë të huaj mbi një seri çështjes për disa arsye. Së pari Shqipëria është një nga vendet më pak të studiuara ndryshe nga vendet e tjera ballkanike. Së dyti libri fokusohet në një subjekt, i cili nuk është vetëm thjesht bashkëkohor, por gjithashtu një ndër çështjet prioritare për Shqipërinë. Së treti ky është një pasurim, nga këndvështrimi akademik në rang kombëtar dhe ndërkombëtar. Së fundmi ky libër shërben për ndërgjegjësimin e komunitetit

ndërkombëtar mbi çështjen Çame dhe atë Shqiptare në përgjithësi.

Prof. Mikel Pjetrushi

Prezantim

Cilat janë çështjet kryesore që parashikon ky projekt?

Nacionalizmi është një fenomen i moderniteit të vonë i cili u përhap gjatë shekujve XVIII, XIX dhe XX. Projekti ka si qëllim të ekzaminojë nacionalizmin grek në fokusin a marrëdhënieve Greqi-Shqipëri, **së pari** duke përkufizuar nacionalizmin edhe pse një çështje e kontestueshme. Duke analizuar këtë çështje dhe disa nënçështje që duhen eksploruar, interes të veçantë paraqet fakti i krijimit të kombeveshtete dhe ilustrimeve të ndryshme që shumë teoricienë të ndryshëm kanë dhënë.

Identiteti kombëtar është një tjetër aspekt që vlen të përmendet brenda teorisë nacionaliste. Duke u përqëndruar në këtë rast studimi, marrëdhëniet Greqi-Shqipëri, atëherë është e rëndësishme që të shikojmë llojet e nacionalizmit që janë të pranishme dhe të përshtatshme për këtë rast.

Së dyti, është thelbësore të bëjmë një përshkrim të shkurtër të nacionalizmit duke filluar me periudhën e hershme të "Megalo-Idese" (Ideja e Madhe).

Është shumë e rëndësishme të analizohen qëllimet e kësaj ideje. Ne kapitullin I, teoria nacionaliste përmes ilustrimit të llojeve të ndryshme të nacionalizmit, do të shpjegojmë zhvillimet e "Magalo-Idesë". Sipas planit të "Megalo-Idesë", Greqia në aspektin territorial do të ishte më e madhe se Greqia e sotme, duke zgjeruar kufijtë e saj, por fokusi i këtij projekti është rreth pretendimeve që Greqia ka kundrejt territoreve Shqipëtare në jug të vendit.

Argumenti në kapitullin II, lidhet me faktin se deri në çfarë mase i përmbush Greqia kriteret e përmendura në kapitullin I, në mënyrë që t'u jepet "të drejtë" pretendimeve të saj për territoret shqiptare si një pjesë greke? Në kapitullin I do përshkruhet teoria a Smithit, si e përkufizon ai një komb duke rreshtuar disa veti, siç janë: territoret historike, memoria mbi një histori të pëbashkët, të drejta ligjore të përbashkëta për të gjithë anëtarët e një komuniteti dhe një ekonomi të përbashkët. Po, këto veti, fatkeqësisht, nuk përkojnë me pretendimet greke drejt territoreve shiptare në jug. Prandaj, duke cituar burime akademike, do të provohet se plani i "Megalo-Idese" shkon shumë larg dëshirës së tyre. Në mënyrë që të arrijmë tek periudha e nacionalizmit grek të 19- viteve të fundit, është e rëndësishme që të analizojmë teorinë e nacionalizmit grek gjatë periudhave të ndryshme që të kuptojmë se si këto qëllime kanë qenë gjithnjë ekzistente dhe janë mbajtur gjallë përherë me shpresën për të realizuar një plan të tillë. Kjo do të thotë që Greqia ka pasur gjithmonë të njëjtat qëllime për të asimiluar jugun e Shqiperisë dhe të realizoje ëndrren e vjetër. Fakte nga autorë të ndryshëm dhe burime akademike do të vërtetojnë se nacionalizmi grek akoma ekziston. Në nacionalizmin grek temat kryesore që duhen ngritur për diskutime janë: kufijtë, feja si një shërbyesë e shtetit, gjuha dhe minoritetet.

Analizimi i mediave, i pasqyruar në projekt, shërben për të zbuluar planet greke për të çrregulluar shtetin e dobët shqiptar ku më pas do të kishte shumë më të lehtë të aplikohej shpërndarja e helenizmit në jugun e Shqiperisë. Shqipëria u gjënd me presionin grek që në fillimin a viteve 1990-1991 ku kerkohej që minoriteti grek të perfaqesohej në Parlament nga një organizatë e quajtur "OMONIA".

Në vitin 1997, çështja e krijimit dhe dështimit të skemave piramidale, ka ngjallur diskutime mbi inskenimin e tyre nga autoritetet greke dhe që ato duhet të kenë qenë sipas atij plani. Argumente dhe fakte të ndryshme do të provojnë që agjentë grekë ishin projektuesit e ketyre skemave që të përfitonin në rrugë të ndryshme nga ky shkatërrim i Shqipërise. Preventimi i zhvillimit te Shqipërise do të thoshte shumë për Greqinë. Duke analizuar ngjarjet e ndodhura që nga 1990 deri me sot, është e lehtë të kuptohet konspiracioni grek që është përdorur kundrejt shtetit shqiptar dhe ky ka pasur një qëllim kryesor që të realizonte ëndrrën e vjetër të "Megalo-Idesë". Kjo është arsyeja pse unë këtu ngre çështjen e nacionalizmit. Ashtu sikur edhe Biberaj argumenton : "U pa hapur se Greqia po shfrytëzonte dobësimin ushtarak – politik dhe varësinë ekonomike. Mbetet të shihet, - vazhdon Biberaj, - nëse krizat e viteve të fundit ishin një stuhi kalimtare në marrdhëniet greko-shqiptare apo nëse marrdhëniet ishin një rrezik që të përfshinin fuqitë nacionaliste ku të pllakoste të gjithë Ballkanin".[1]

---

1   .Biberaj, 1998, fq. 246

"Asnjë komb nuk është aq i përbuzur nga fqinjët sa janë shqiptarët. Grekët me zor i shikojnë si të krishterë ose turqit si myslimanë. Në fakt ata janë një përzierje e të dyjave dhe nganjëhere asnjëra".[2]

(I) - Teoria nacionaliste

Nacionalizmi është një fenomen i kohëve të fundit dhe çfarëdo përkufizimesh të bëra janë akoma të kontestuara. Kur studiojmë nacionalizmin, një gjë është e domosdoshme të dihet, që është një fenomen që edhe vetë teoricienë të ndryshëm kanë dhënë përkufizime kontradiktore për 'të.

Studimi i nacionalizmit bëhet akoma edhe më i komplikuar kur kuptohet se ky fenomen është shfaqur në modernitetin e vonë, rreth shekujve XVIII, XIX dhe që lulëzoi në gjysmën e parë të shekullit XX.

<u>Përkufizimi i nacionalizmit.</u>

Që të përkufizohet nacionalizmi duhet të shikohen tri komponente, siç janë: "Autonomia kombëtare, bashkimi kombëtar dhe identiteti kombëtar. Këto të tria së bashku japin këtë përkufizim të nacionalizmit: **"Një levizje ideologjike për të arritur dhe siguruar autonomi, bashkim dhe identitet për një popullsi të cilat përbëjnë një potencial për të krijuar një komb"[3]**

---

2   . Byron e cituar nga Petifer 1993, fq. 177
3   . Smith, 2001: fq. 9

Sipas Andërsonit, kombet përshkruhen si "komunitete imagjinuese"⁴.

Me fjalën "imagjinuese", ai nuk nënkupton një "krijim të ri ose shpikje", por njerëz të cilët konsiderojnë veten si anëtarë të një kombi, ku ata vetë nuk do t'i njohin kurrë anëtarët e tjerë të kombit të tyre, nuk do t'i takojnë kurrë ata, madje as që nuk do të dëgjojnë kurrë nga ata. Ndërsa Smith argumenton: "Andersoni me fjalët "kombe imagjinuese", nënkupton "krijim kombesh".⁵

Një pikë tjetër e rëndësishme është edhe argumenti që Gellneri ngre mbi nacionalizmin. Në përzgjedhjen e tij, "Nacionalizmi dhe Modernizimi", prezanton një argument të detajuar. Sipas Gellnerit, **"Personat, të cilët drejtojnë një komb, duhet të jenë anëtarë të atij kombi, përndryshe do të lindin mosmarrëveshje dhe pakënaqësi. Njerëzit e atij kombi duhet të ndajnë karakteristika të përbashkëta si një gjuhë të përbashkët, kulturë të përbashkët dhe të jenë të ndergjegjshëm rreth traditave të tyre".⁶**

Krijimi i kombeve

Krijimi i kombeve, si fenomen, është shumë i vështirë të përkufizohet, sepse çfarëdo përkufizimi t'i jepet, është i pamundur të bëhet një përkufizim universal. Teoricienë të ndryshëm, të cilët kanë studiuar nacionalizmin në detaje, kanë arritur në përfundim që është e pamundur të bëjnë

---

4 . Anderson. B, 1983:Xxii
5 . Smith, 1998: fq. 137
6 . Gellner, cituar nga Wessels.v. 2002: fq. 4

një përkufizim shkencor. Seaton-Watson shkruan: **"Unë nisem nga konkluzioni që nuk mund të sajohet asnjë "përkufizim shkencor", por një gjë është e qartë se ky fenomen ka ekzistuar dhe ekziston akoma".**[7]

Teoricienë të ndryshëm pajtohen se ka një minimum kriteresh dhe elementesh të përbashkëta që më pas arrijnë të konkludojnë që një grup njerëzish të krijojnë një komb.

Identiteti kombëtar ka karakteristika fundamentale të cilat janë:

1-Një territor historik ose atdheu.

2- Mite ose fakte historike të përbashkëta.

3- Një kulturë publike e përbashkët në një masë të gjërë.

4- Të drejta dhe detyrime të përbashkëta ligjore për të gjithë anëtarët e kombit.

5- Një ekonomi e përbashkët dhe një mundësi lëvizjeje brenda territorit për anëtarët e kombit.

"Atëherë një komb mund të jetë i përkufizuar si i tillë pasi ndanë territorin, faktet historike dhe mitet, kulturë dhe ekonomi të përbashkët, të drejta dhe detyrime të përbash-këta për të gjithë anëtarët".[8]

---

7   . Seaton-Watson cituar nga Flynn, 2000, fq. 3
8   . Smith. A 1991,fq. 14

Smithi i përshkruan këto komponente të ndryshme, të cilat mund të ndërtojnë në një mënyre identitetin pra, duke qenë pjesë e një grupi që ndanë komponentet dhe karakteristikat e përmendura më lart. Identiteti kombëtar është më shumë se vetë kombi, sepse përfshinë jo vetëm integritetin territorial, gjuhën, zakonet, kulturën dhe traditat e përbashkëta, por edhe ndërgjegjën e këtyre të drejtave të veçanta vendimtare dhe besimin vetë.

Në qoftë se njerëzit e një kombi ndajnë karakteristika të përbashkëta, si: kulturë, trashigimi, gjuhë, fe dhe territore të përbashkëta, kjo do të thotë që një komb, në një mënyrë, i përmbushë mjaftueshëm kushtet për të qenë një komb. Megjithatë, nesë vetëm gjuha do të ishte një kriter, atëherë nuk do kishte qenë e mundur të krijohej Kombi Boshnjak. Po e njëjta gjë do të ndodhte në qoftë se vetëm feja do të merrej si kriter për krijimin e një kombi, atëherë do të kishte pasur vetëm një komb në mes të tri kombeve të krijuara, si: Italia, Franca dhe Spanja.

Këto shembuj janë përdorur për të ilustruar që nevojitet më shumë se një kriter që të njihet një komb. Kjo është gjithashtu e vërtetë në rastin e Greqisë.

Greqia pretendon që jugu i Shqipërise, "Epiri i Veriut", i përket Greqisë. Është e vërtetë që Greqia dhe Shqipëria ndajnë disa vlera ose karakteristika të përbashkëta, por vetëm kjo nuk mjafton të kënaqë kriteret e cituara më sipër për një komb që të shpreh pretendimet për territore që janë brenda një shteti tjetër.

Nacionalizni ka disa forma të ndryshme dhe disa nga këto forma kanë lidhshmëri me këtë objekt studimi, siç

janë: nacionalizmi ndërkufitar (për çështje kufijsh) dhe ai irredentist (me qëllim zgjerim territoresh).

Nacionalizmi ndërkufitar ka të bëjë me problemin e pakicave etnike të lëna jashtë kufirit në një shtet tjetër, pra të lëna jashtë atdheut. Një shembull i tillë është Greqia ku një pjesë e kombit grek kërkon të mbrojë interesat e minoritetit grek në Shqipëri.

Nacionalizmi irredentist (zgjerues) përpiqet të zgjerojë kufijtë ekzistues të shtetit, duke inkuadruar kufijtë shtetëror deri aty ku popullohen nga bashkëkombas të atij kombi, edhe pse teorikisht të lënë jashtë kufirit ekzistues. **"Anëtarët e një grup-kombi jetojnë brenda një kufiri politik tjetër dhe jo në atë vend ku pjesa kryesore e kombit jeton. Shembuj të tillë janë: Alsasa mes Gjermanisë dhe Francës dhe pretendimet greke për Epirin".**[9]

"Doktrina e irredentizmit e ka origjinën nga Italia, e cila do të thotë: "këto territore"[10] Kuptimi i këtij termi në përdorimin politik modern do të thotë "pretendime territoriale" nga shtete sovrane të tokave brenda kufijve të një tjetri. Këto pretendime janë, zakonisht, të përkrahura nga argumente historike dhe etnike, ku shteti irredentist insiston që pjesë të atdheut janë ndarë në mënyrë të padrejtë prej tij ose që një pjesë e kombit të tij ka qenë lënë jashtë në mënyrë të padrejtë nga pjesa tjetër e komunitetit kombëtar.

---

9   . Smith. A, 1971, fq, 222
10   . Mayall citoi tek Hutchinson dhe Smith, 1994, fq. 270

Identiteti kombëtar

Shpjegimi i krijimit të kombeve-shtete është i domos-
doshëm në mënyrë që të kuptohet se çfarë do të thotë kur
një njeri diskuton mbi identitetin kombëtar të një personi.
Identiteti kombëtar është besimi i vetë njerëzve rreth kombit
të tyre dhe mënyrës se si ata vetë e përkufizojne identitetin
e tyre krahas kombit. Ashtu sikur se edhe Smithi argumen-
tonte që një grup karakteristikash të përbashkëta, si: gjuha,
feja, kultura, territoret dhe historia do të shpjegonin lidhjet
që populli i një kombi ka së bashku.

> **"Herder argumenton se një komb është i
> ndërtuar përmes gjuhës dhe kulturës. Ai thekson
> praktikat domethënëse, si: zakonet dhe ritualet e
> përditshme, historia, besimi i popullit tek mitet
> në ata terma që kanë kuptim në jetën e tyre. Për
> shumicën e njerëzve, identiteti kombëtar nuk
> është zgjedhur, por i marrë në lindje dhe gjatë
> rritjes dhe edukimit"**[11]

Nacionalizmi etnik dhe civil (qytetar)

Ka dy modele kryesore të nacionalizmit, të cilët janë: ai
i modelit etnik dhe ai civil. (qytetar).

> **"Hobsbawm dallon dy tipe nacionalizmi dhe
> sjell dy lloje analizash të kombeve dhe të nacio-
> nalizmit. Tipi i pare është ai i masës së gjerë,
> pra nacionalizmi civil dhe demokratik, model**

---

11 . Poole, 1999, fq.68

i cili u krijua nga Revolucioni Francez. Ky tip nacionalizmi lulëzoi në Evropë në vitet 1830 – 1870, kryesisht në Gjermani, Itali dhe Hungari dhe më pas i ndjekur nga tipi i dytë, ai i modelit "etniko-gjuhësor", në të cilin, grupe të vogla, filluan të ngulnin këmbë për të drejta ndarjeje nga perandori të mëdha për të krijuar shtetet e tyre mbi baza etnike dhe gjuhësore. Ky lloj nacionalizmi mbijetoi në Evropën Lindore nga vitet, 1870 – 1914"[12]

"Hobsbawm e komenton periudhen 1870 – 1914 si një periudhë vendimtare ku modeli civilo-demokratik u transformua në një model nacionalist etiniko- gjuhësor. Ky lloj ndryshonte ne dy menyra. Së pari, doli nga rruga parimi i nacionalizmit qytetar i cili qe një nacionalizëm qendror në epoken liberale. Së dyti, etniciteti dhe gjuha filluan të zenë vend kryesor dhe të jenë lloji i vetëm i nacionalizmit në mënyrë që të arrihet krijimi dhe njohja e kombit"[13]

Këto dy shpjegime të nacionalizmit mes modelit civil (qytetar) dhe modelit etnik të sjellë nga Hobsbawmi kanë qenë argumentuar ndryshe nga Smithi. Ky sjell argument tjetër në nacionalizmin civil (qytetar) dhe atë etnik.

1. Nacionalizmi territorial: Lëvizjet për pa-varësi ku koncepti i kombeve ka qenë kryesisht qytetar dhe territorial, do të kërkojë që, së pari, të shporrë sunduesit e huaj dhe t'i zëvendësojë

---

12   . Hobsbawm, cituar nga Smith, 1998, fq. 121
13   . Hobsbawm cituar nga Smith, 1998,fq. 122

këto territore koloniale me shtete-kombe të rinj, dhe ky tip është nacionalizëm antikolonial.

2. Lëvizjet për pavarësi, ku koncepti i kombeve mbetet thjeshtë qytetar dhe territorial, do të kërkojë të sjellë së bashku dhe të integrojë në një komunitet të ri politik, shpesh, popullsi etnike dhe të krijojë një territor të ri kombëtar nga ç'ishte më parë, një shtet i vjetër kolonial. Ky quhet nacionalizëm integrues.

3. Lëvizjet për pavarësi, ku koncepti i kombit është thjeshtë etnik gjenealogjik (trashigues), do të kërkojë të tërhiqet nga një njësi e madhe politike dhe të bashkohet në të quajturin atdhe dhe të krijojë një komb etnik në vendin e tij. Ky lloj quhet nacionalizëm trashigues dhe diaspora.

4. Lëvizjet për pavarësi, ku koncepti i kombit është gjenealogjik (trashigues), do të kërkojë të zgjerohet duke përfshirë këtu bashkëkombasit etnikë jashtë kufijve prezentë të kombeve etnike më të mëdha përmes bashkimit nga ngjashmëria kulturo-etnike të shteteve kombëtaro-etnike. Ky lloj nacionalizmi quhet irredentist (zgjerues) dhe "pannacionalizëm".[14]

Shpjegimi i Smithit në tipet e ndryshme të nacionalizmit ndihmon dhe bën më të lehtë kuptimin e veçorive të secilës kategori të nacionalizmit. **"Modeli i nacionalizmit civil (qytetar) aplikohet kryesisht tek kombet me të kaluar koloniale apo imperialiste, por, gjithashtu, edhe**

---

14   . Smith, 1991, fq. 82-83

tek vende jo evropiane që e bënë hapin e tyre të parë ndërsa ishin koloni tek fuqitë e huaja".[15] Nacionalizmi civil (qytetar), **"është forma e nacionalizmit në të cilën shteti përfiton legjitimitet nga pjesëmarrja aktive e qytetarëve, në të cilën prezantohet dëshira e popullit"**[16]. **Nacionalizmi etnik; "kombet me baza etnike ose gjenealogjike (trashiguese) kërkojnë të zgjerohen deri aty sa të përfshijnë pjesën etnike të lënë jashtë kufijve aktual të kombit etnik përgjatë historisë së bashku me territoret ku ato jetojnë ose qëllimi për krijimin e një shteti shumë më të madh kombëtaro-etnik që të shkrihet në kulturën dhe etnicitetin e shtetit tjetër"** [17]

---

15   . Bakaoukas, 2002, fq. 2
16   . Bakaoukas, 2002, fq. 2
17   . Bakaoukas, po aty

II – Nacionalizmi grek

Çfarë mund të themi sot rreth nacionalizmit modern grek?!

Meqenëse nacionalizmi filloi të zhvillohej në shekullin XVIII, atëhere askush nuk mund të marrë parasysh Greqinë antike, por duhet të referohet tek shoqëria moderne greke. Prandaj, ndonjë analizë e bërë para kesaj date, nuk do të ishte e vlefshme dhe nuk do të aplikohej tek shoqëria moderne e shteteve-kombe të shekujve XVIII, XIX dhe XX. **"Gjatë shekujve tetëmbëdhjetë dhe nëntëmbëdhjetë, çfarë do të thoshte të ishe grek? Për shumicën e banorëve të Perandorisë Osmane, çdo përkufizim bazohej tek identifikimi fetar. Grek do të thoshte të ishe i krishter ortodoks dhe jo mysliman"**.[18]

Teoria e Renanit sugjeron: **"Një komb është një shpirt dhe një frymë kryesore. Vetem dy gjëra e ndërtojnë këtë shpirt. Një është e kaluara dhe e dyta është prezentja (e tashmja)"**.[19] Renani e përkufizon kombin ndryshe nga autorët e tjerë dhe ai nuk përmend të njëjtat kritere si teoricienët e tjerë, si: gjuha, kultura, traditat, feja dhe kritere të tjera. Por, për Renanin, lidhja me të kaluaren ka një rëndësi të veçantë. Për atë kultura e përbashkët dhe karakteristika të tjera të përbashkëta nuk do të thonë shumë. Shumë e rëndësishme është dëshira e përbashkët që këta njerëz kanë të vazhdojnë një jetë të përbashkët.

Ashtu si u argumentua dhe më lart që nacionalizmi u lind me krijimin e shteteve, atëherë do të mund të

---

18   . Legg dhe Roberts, 1997, fq. 12
19   . Renani citon tek Hutchinsoni dhe Smithi, 1994,fq. 17

argumentohej këtu përsëri se nacionalizmi grek fillon men-
jëherë pas fitores së Pavarësisë. Perandoria turke po bëhej
gjithnjë më e dobët dhe ndikimi i saj në Ballkan gjithnjë
po zvogëlohej. Ky moment u shfrytëzua nga grekët për zgjer-
imin e kufijve. "Pavarësia e Greqisë u njoh dhe ajo u fitua
në përgjithësi me ndihmën e shqiptarëve, kurse shqiptarët
qysh prej kësaj kohe kanë qenë të egërsuar nga inate sepse
grekët jo vetëm që nuk ua kanë njohur këtë ndihmë, por
përkundrazi janë përpjekur e perpiqen që të zgjerohen në
kurriz të Shqipërisë. Vendet që shqiptarët i quajnë me të
drejtë të tyre, ata përpiqen t'i aneksojnë duke përdorur lloj-
lloj propagandash, e çdo lloj shtypjesh, deri në ndalimin e
gjuhës së tyre amtare e zëvendësimin e saj me greqishten"[20].
Shumë kohë, para se të imponohej izolimi i Shqipërisë nga
shteti komunist, shqiptarët, si një komb i vogël, po luftonin
për njohje dhe pavarësi nga sundimi Osman, nën të cilin
Shqipëria ndenji për pesë shekuj. Viti 1912, i cili shënon dhe
vitin e pavarësisë, nuk ishte viti i mbarimit të problemve, por
fillimi i konflikteve me vendet fqinje mbi çështje kufijsh.

Edward Gibbon, i cili udhëtoi drejt Shqipërisë rreth
gjysmës së shekullit tetëmbëdhjetë dhe eksploroi kulturën
shqiptare, është shprehur: **"Nuk ekzistonin tradita të
ngjashme apo ekuivalente duke krahasuar Shqipërinë
me Filhelenizmin, ku elita politike Evropiane i jepte
ndihmë konstante nacionalizmit grek"[21]**
Ashtu si u diskutua në kapitullin I, ku Hobsbawmi,
i cituar nga Smithi rreth krijimit të shteteve-kombe dhe
tendencave të grupeve të vogla për ndarjen nga perandoritë
e mëdha dhe krijimin e shteteve të tyre në bazat etnike dhe
gjuhësore, kjo teori aplikohet më së miri në rastin e Greqise

---

20   . Durham përkthyer nga H. Thanasi, 2000, fq 55
21   . Vickers dhe Pettifer, 1999, fq. 1.

dhe të vendeve të tjera ballkanike dhe përpjekjet e tyre për ndarje nga Perandoria Osmane. Dobësimi i Turqisë erdhi si rezultat i Luftës Ruso-Turke e cila shpërtheu në vitin 1853. Menjëherë pas kësaj ngjarjeje kryengritjet shpërthyen në Ballkan për çlirim nga Perandoria Osmane. Në këtë kohë pati revolta edhe në Greqi.

Pas çlirimit të Greqisë, kryeministri i parë i vendit në atë kohë , Jani Koletis, megjithëse vllah, bëri një thirrje për bashkim të të gjitha tokave që banoheshin nga grekfolës dhe "Megalo-Idea", e ashtuquajtur "Ide e Madhe", lindi. Sipas idesë së Koletisit, Greqia duhej të bëhej një shtet shumë i madh me kryeqytet Stambollin, duke trashëguar modelin Bizantin, ku brenda Greqisë ishte parashikuar të përfshiheshin edhe territore shqiptare deri tek lumi Shkumbin.

Kjo harte është marrë nga libri, *"Unë e pashë kush e dogji Vlorën"* [22], shkruar nga Kryetari i Bashkisë së qytetit të Vlorës në 1997-[ën].

---

22   . Zilja, 2003, fq. 265.

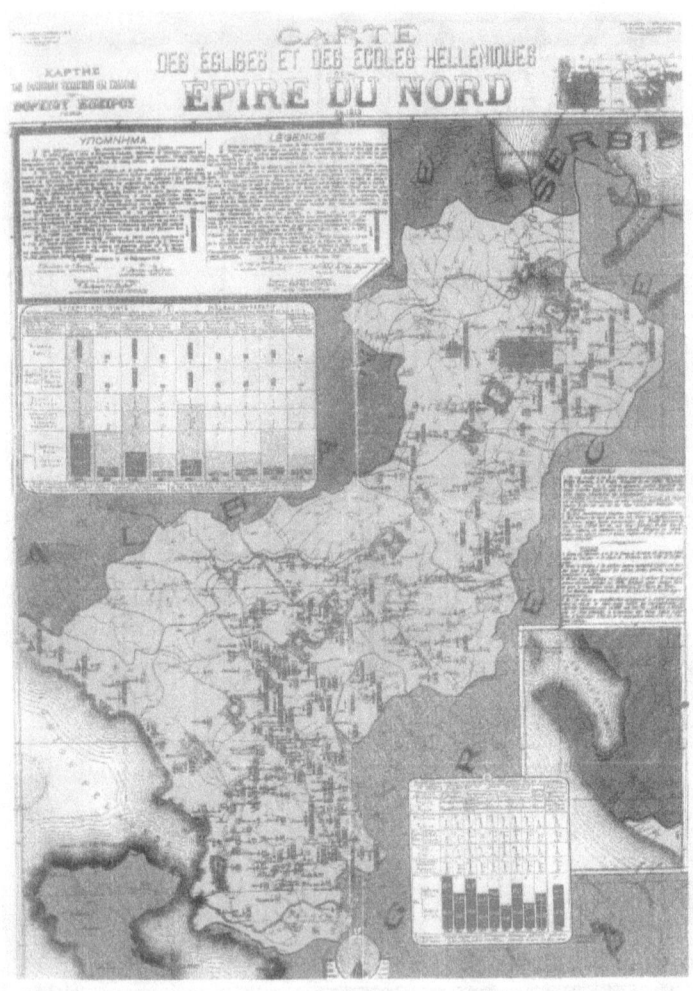

Map of 'Northern Epirus' issued publicly from the Salvation Committees during 1997

"Nacionalizmi grek identifikohet me termin
"Megalo-Idea", e përkthyer "Idea e Madhe". Një
Greqi e tillë do të kishte territor më të zgjeruar
sesa Greqia e sotme, por më e vogël se bota greke
e kohes klasike, e cila shtrihej në perëndim deri
në brigjet e Siçilisë, në veri deri tek Deti i Zi dhe
në jug deri në Egjipt". [23]

Çfarë do të thotë të jesh grek dhe identiteti kombëtar
grek?

Ashtu si Herderi argumentoi se një komb është i
ndërtuar përmes gjuhës, kulturës dhe praktikave të tjera
domethënëse, si: zakonet dhe ritualet e përditshme të jetës,
identiteti kombëtar nuk zgjidhet, por është i vendosur që në
lindje dhe gjatë rritjes. Identiteti kombëtar i Greqisë mod-
erne duket se ka ndryshuar interpretimin e tij dhe koncepti
i të qenurit grek ose identiteti kombëtar grek konceptohet
ndryshe edhe si helenizëm. Disa elemente të rëndesishme
që kanë nevojë të analizohen në rastin e Greqisë janë: **feja**,
gjuha dhe **territoret**.

Feja në Greqi ka një ndikim të fuqishëm në jetën e
përditshme të njerëzve . Greqia sot ka një hegjemonitet të
veçantë në termat e gjuhës, kulturës dhe fesë. "Une po flas
për vendet ku kam qëndruar, krahinat e Liqeneve të Ohrit
dhe të Prespës. Këtu ka grekë, sllavë, shqiptarë dhe vllehë.
Shqiptarët besoj janë të gjithë myslimanë dhe po të ketë
ndonjë prej tyre të krishterë, ai cilisohet si grek"[24]. Madje
feja sherbeu si vegel për ti dhënë një lloj unitetit në fillimet
e krijimit të kombit Grek.

---

23   . Sowards, 1999, Lecture 14
24   . Durham përkthyer nga H. Thanasi, 2000, fq 74

"Në vitet e fundit të shekullit të nëntëmbëd-hjetë dhe në fillim të shekullit të njëzet, kishte një lidhje të fuqishme në nivelin politik mes kishës dhe politikës greke për zgjerim kufijsh të cilët po përpiqeshin të ripercaktonin terri-toret greke, zona të tilla siç ishte zona e Greqisë veriore, që nuk ishte çliruar akoma nga do-minimi i Turqisë deri me 1913. Janë, pikërisht, peshkopët e këtyre rajoneve, si Metropolitani Sevastianos, mbrojtësit më të zjarrtë të interesave të militantëve nacionalistë grekë kundër vendeve fqinjë"[25].

Sipas Chrysolarasit, *"feja dhe nacionalizmi kanë afërsi në Greqi, ato kanë një kuptim të ngjashëm deri në atë masë sa që është e mundur t'i referohesh Ortodoksisë greke si një "fe kombëtare"* [26]. Ndërsa Pettiferi sjell argumentin: *"Të jesh grek, do të thotë të jesh kristian, të jesh ortodoks"* [27].

Gjuha është një tjetër pik që luan rol të rëndësishëm për krijimin e një identiteti kombëtar.

"Për të mbushur ëndrren ekspansioniste, gjuha dhe kultura greke, duhet të përhapej tek popullatat etnike greke që jetojnë brenda kufijve originalë. Evidenca të tilla shihen edhe sot. Shumë grekë kanë mbiemra që, duke i lex-uar duket që kanë një origjinë etnike jo greke. Helenizmi ishte drejtuar kryesisht tek etnitetet

---

25   . Pettifer, 1993, fq. 116
26   . Chrysolaras cituar nga Xenitidou, 2004, fq.7
27   . Pettifer, 1993, fq. 103

anësore në rajon, si: tek vllehët, shqiptarët dhe tek disa etnitete të tjera"[28]

Nga ana e gjuhës komuniteti grek zgjerohet më tej sepse ka një numër të madh njerëzish që flasin gjuhën, por kjo nuk mund të jetë sinjifikante ose prove, pasi është argumentuar më lart në kapitullin I në rastin e krijimit të kombit boshnjak, pavarësisht se populli flet serbisht: boshnjakët munden të fitojnë të drejten për të qenë një komb më vete.

Territoret

"Identifikimi përmes territoreve, nganjëherë mund të ketë funksion pozitiv në shuarjën ose uljen e tensioneve, në qoftë se një zonë e qartë demarkacioni është pranuar nga më shumë se një grup, por në asnjë mënyrë kjo nuk e luan këtë rol në Ballkan, ku, në të kundërt, territori shikohet si posedim vetëm i një grupi"[29]. Territoret përbëjnë një çështje tjetër në politikën ekspansioniste greke duke iu referuar nga ditët më të hershme të "Megalo-Idesë" deri në ditët e sotme. Greqia pretendon që greket etnikë kanë qenë lënë jashtë kufijve prandaj, bashkimi i këtyre njerëzve me pjesën kryesore të popullsisë, do të thotë ekspansion i territoreve deri aty ku këta njerëz janë të vendosur.

"Megalo-Idea" është term që ka ekzistuar dhe vazhdon të ekzistojë akoma dhe përkrahet nga shumë nacionalistë grekë, pavarësiht nga fakti që Greqia është nje shtet nënshkrues i "Kartës së Helsinkit" për mosndryshimin e kufijve.

---

28   . Legg dhe Roberts, 1997, fq. 16
29   . Schopdlin, 2000, fq. 25

Karakteristikat e nacionalizmit etnik përshtaten, pothuaj, përfekt në kombin grek. Grekët flasin akoma sot rreth "Megalo-Idesë" dhe helenizimit. "Idea e Madhe" dhe he-linizimi përkthehen sikur Greqia kërkon të zgjerojë kufijtë dhe të shpërndajë influencën e saj në Epirin Verior.

"Në konferencen e Parisit, me 1919, delegacioni grek diskutoi para Këshillit Suprem të Aleatëve që Greqia pretendon të aneksojë Epirin e Veriut, (Shqipërinë e Jugut)"[30].

Winnifrith kundërshton "Megalo-Idene" e cila nuk është ekzakt ajo çfarë grekët duhet të pretendojnë. Ai dekla-ron: *"Është e vërtetë që jo të gjithë banorët e zonës , përfshirë në "Iden e Madhe", ishin grekëfolës ose ortodoks-kristianë".* Winnifrithi komenton gjithashtu që në Epirin Verior, popullsia shqiptarofolëse ishte sigurisht në mazhorancë për të gjithë pjesën e dytë të shekullit XIX, ku shqiptarët ose myslimanët siç e deklaron ai; dhe kishte një mosekzistencë të aktiviteteve greke, si: shkollat greke, kishat, duke filluar nga Tepelena në jug deri te një qyteti i quajtur Igumenica. John Cam Hobbhousi në një udhëtim përmes Shqipërisë dhe provincave të tjera turke në Evropë dhe Azi me 1809 – 1810, i shoqëruar nga Lord Bajron, qartësisht shkroi se "Shqipëria fillon nga Preveza" [31] një qytet në Greqinë Veriore ku sot mes këtij qyteti dhe kufijve aktual shqiptarë në jug ka një distancë mjaft të madhe dhe të gjatë.

---

30   . Veremis, 1995, 16
31   . Winnifrith, 2002. fq. 122

(III) – Minoritetet dhe Kisha ortodokse greke (feja)

Rënia e Murit të Berlinit me 1989, shënon dhe fillimin e fundit të diktaturave komuniste në të gjithë Evropën Lindore. Në të njëjtën kohë edhe themelet e diktaturës shqiptare filluan të tundën. Viti 1991 solli një situate të re politike edhe në Shqipëri. Gjatë vizitës së pare të kryeministrit grek të asaj kohe, Micoqatis, i kërkoi ish presidentit shqiptar Ramiz Alia, të vendoste në krye të Kishës Ortodokse Autoqefale Shqiptare peshkopin grek, Janullatos, i kërkoi gjithashtu përmirësimin e të drejtave të minoritarëve, veçanërisht në jug të vendit. Një kërkesë tjetër ishte ajo e përgatitjes së ligjit elektoral për zgjedhjet e para pluraliste në Shqipëri, më 1991, ku për herë të pare minoriteti grek do të përfaqësohej politikisht përmes një organizate të quajtur "OMONIA".

Më 1991 në Parlamentin Shqiptar u kalua ligji për përmirësimin e të drejtave të minoritetit në Shqipëri pas të cilit qëndronte plani për asimil-imin e jugut të Shqipërisë. Në këtë mënyre iu dha mundësi angazhimit në politikë minoritetit grek si më i madhi në numër deri në instancat më të larta, madje edhe në administratën qeveritare të asaj kohe ku, gjithashtu, iu dha dhe e drejta e arsimimit në gjuhën e nënës dhe ishte përfundimisht i identifi-kuar si një komunitet etnik, por qeveria shqiptare nuk bëri ndonjë përpjekje të shtronte kërkesa për të drejtat e minoritetit shqiptar në Greqi, i cili ka vuaj-tur shumë, veçanërisht pas Luftës së Dytë Botërore. **"Në fund të Luftes së Dytë Botërore, grekët i**

dëbuan me forcë rreth 30 000 shqiptarë çam nga Çamëria, në veri të Greqise".[32]

"Greqia është në kundërshtim me ligjet e Bashkimit Evropian dhe me ligjin ndërkombëtar që aplikohet për pagesat, kompensimin dhe rikthimin e pasurive të viktimave të luftës dhe spastrimit etnik. Greqia është anëtare e Bashkimit Evropian dhe ligjërisht duhet të respektojë të drejtat e minoritetit dhe të drejtën e kulturave minoritare" [33].

Mënyra se si grekët reagojnë ndaj minoritetit shqiptar në Greqi këto ditë dhe përkrahja e politikave të shtetit grek, është në kundërshtim absolut me legjislacionin e Bashkimit Evropian.

Përveç problemeve të përgjithshme ekonomike, politike dhe sociale që vetë Shqipëria kishte, çështja e minoriteteve në Shqipëri ishte një tjetër pikë e rëndësishme që Shteti shqiptar duhej të përballte. *"Presidenti Berisha zgjodhi rrugën që t'i ngushtonte marrdhëniet me Greqinë me 1994, duke burgosur pesë anëtarë të OMONIA-s nën akuzën "konspiracion ndaj shtetit", megjithatë atyre, më pas, iu dha amnisti përmes ndërhyrjes amerikane"* [34].

Menjëherë pas lirimit të agjentëve grekë të OMONIA-s, *"...të cilët u arrestuan për kontrabandë armësh duke furnizuar minoritetin grek në Shqipëri dhe deportimit të qindra mijëra emigrantëve shqiptarë nga Greqia, politika e jashtme shqiptare e ndryshoi qëndrimin dhe filloi të përmirësonte marrëdhëniet*

---

32   . Biberaj, 1998, fq.15
33   . Pettifer dhe Vickers, 2002,fq.3
34   . Koliopoulus dhe Vermis, 2002, fq. 318

me Greqinë duke i lënë në një anë kontradiktat dhe ndërhyrjet greke në territoret shqiptare në pikën kufitare të Peshkëpis më 1994 duke vrarë dy ushtarë shqiptarë". [35]

"Në prill të vitit 1994 për herë të parë shpërtheu dhuna ushtarake, ku paramilitarët etnikë grekë, të vendosur në tokën greke, sulmuan një postë të vogël ushtarake afër Gjirokastrës duke vrarë dy ushtarë shqiptarë" [36].

A nuk është kjo një ndërhyrje ushtarake, ndërsa Ligji i Luftës është akoma në fuqi?! Politika e jashtme greke ka qenë gjithnjë e njëjtë në çdo moment të historisë, por, pas fundit të Luftës së Ftohtë, kjo politikë ka qenë modernizuar.

"Mosmarrëveshjet mbi statusin e kishës kanë qenë tradicionalisht një pike kyçe mes shqiptarëve dhe grekëve. Duke shikuar lidhjet kishtare si veçori e kombësisë, Athina tradicionalisht ka pasur tendenca të konsiderojë gjithë besimtarët ortodoksë shqiptarë si grekë etnikë – një pozicion i interpretuar nga shqiptarët si evidencë e pretendimeve greke irredentiste të pjesës jugore të Shqipërise". [37]. Peshkopi Janullatus, edhe pse kishte një kërkesë nga shumë shqiptarë brenda dhe jashtë vendit për moslejimin e emërimit të tij, serish u lejua të drejtonte Kishën Ortodokse Autoqefale Shqiptare, duke mos i marrë parasysh premtimet e atdhetarit të madh, Fan Nolit për ndarjën e Kishës Ortodokse Shqiptare nga Patriarkana. Një prift ortodoks shqiptar, Atë Nikolla komenton: *"Ka një statut për Kishen Ortodokse Autoqefale Shqiptare dhe është vendosur që në 1937 në paragrafin e ligjit të gjashtëmbëdhjetë të kongresit Pan-Ortotoks të*

---

35   . Krasniqi, 1997, fq. 18
36   . Vickers dhe Pettifer, 1997, fq. 198
37   . Biberaj, 1998, fq. 208

Beratit që ndalon shërbimin në Kishen Ortodokse Shqiptare të priftërinjve që nuk kanë lidhje gjaku me Shqipërinë ose që nuk mbajnë nënshtetësi shqiptare". [38]

Që nga momenti i parë i ekzistencës së tij në Shqipëri dhe deri tani, kleri i jashtëm ortodoks është konsideruar si një armik i rrezikshëm në Shqipëri, i cili ka punuar shumë për helenizimin e Jugut të Shqipërisë dhe për forcimin e politikës ekspansioniste greke në Shqipëri. *"Kisha në Greqi shpejt u bë një armë e shtetit. Kështu që në vend që të luftonte për eleminimin e nacionalizmit, siç ato patën bërë më parë, kleri grek doli në ballë të çdo përpjekjeje nacionaliste për zgjerimin e kufijve shtetërorë. Për më tepër, Kisha Ortodokse Greke u bë një institucion i rëndësishëm dhe i dobishëm për "helenizmin" e popullsisë jo-greke deri aty ku synon shtrirjen politika ekspansioniste".*[39] "Në pranverë të vitit 1993 atmosfera u përkeqsua me arrestimin dhe largimin nga Shqipëria të një prifti grek, Archimandrite Chrysostomos, për sjellje armiqsore dhe aktivitet antishqiptar. Tirana e akuzoi atë për abuzim të detyrës së tij fetare duke propaganduar "Enosis", (Bashkimin me Greqinë)"[40].

Duke iu referuar Kushtetutës Greke, Kisha Ortodokse Greke është pjesë e shtetit. *"Çështja e marrëdhënieve mes Kishës dhe reformave arsimore, edukuese ku në mënyre specifike, ligji 1566 drejtonte dhe frynte më shumë helenizimin dhe kristianizimin përmes ortodoksisë dhe vazhdimësia unike e të dyjave pra e shtetit dhe kishës nuk lejoi një prishje të këtyre marrëdhënieve mes të dyjave".* [41] Deklarata e ish presidentit

---

38   . Shameti, 2000, fq. 1
39   . Legg dhe Roberts, 1997,fq. 15
40   . Vickers dhe Pettifer, 1997, fq. 197
41   . Constas dhe Stavrou, 1995, fq. 37

grek Constantin Karamanlis me 1981 "Kombi (ethnos) dhe Ortodoksia... kanë sjellë në koshiencën greke sinonimin e këtyre dy koncepteve, të cilat së bashku ndërtojnë civilizimin tonë Heleno-Kristian"[42]. "Është e pamundur të marrësh me mend një ndarje mes Kishës dhe Shtetit në Greqi"[43].

Fakti që në Shqipëri në nëntëmbëdhjetë vitet e fundit kanë qenë ndërtuar kaq shumë kisha ortodokse, tregon qartë se Greqia ka luajtur një politikë të hapur për të shpërndarë helenizmin në Shqipëri.

"Tirana zyrtarisht refuzoi të premtën kerkesën e Patriarkut të Stambollit për të vënë në krye të Kishes Autoqefale Ortodokse Shqipëtare tre klerikë të tjerë grekë (pas vendosjes së Peshkopit Anastas Janullatus me 1991), ndërsa zëdhënësi Dimitri më pas tha; - këto janë çështje që i përkasin kishës dhe që është fuqia e kishës dhe stafit të saj që bën zgjedhjen".[44]

A nuk do të kishte qenë më mirë nëse do të kishin investuar këto fonde diku tjetër siç do ishte: ndërtimi i fabrikave për të hapur vende të reja pune dhe të reduktonte shkallën e papunësisë dhe të emigracionit sesa të shpenzonin me mijëra dollarë duke ndërtuar kisha ortodokse gjithandej?!

Millosheviç në një intervistë dhënë BBC-së pretendonte: "Kosova do të thotë zemra e Serbisë si rezultat i manastireve që janë sot në Kosovë." A do të ketë dhe Greqia një dite të njëjtat pretendime rreth Shqipërisë me gjithë këto kisha ortodokse të ndërtuara? Sipas kushtetutës greke, ku kisha

---

42   . Constas dhe Stavrou, 1995, fq. 39
43   . Constas dhe Stavrou, 1995, fq. 41
44   . ATA News, 1996, fq. 1

është pjesë e shtetit, atëherë kjo do të thotë se ka qenë një politikë zyrtare greke për helenizim dhe asimilim të pjesës jugore të Shqipërisë.

Minoriteti grek në nëntëmbëdhjetë vitet e fundit dhe veçanërisht pas 1997 ka pasur përmirësime të mëdha të të drejtave dhe lirive. Këto përmirësime kanë qenë në çdo instancë, duke qenë të përfaqësuar politikisht deri në administratën më të lartë shtetërore, në ushtri dhe, madje, duke pasur poste të rëndësishme ministrore në qeveri. Politika e ratifikimit të të drejtave të minoritetit ka qenë mjaft e njëanshme ku ka qenë bërë shumë për barazinë e të drejtave të minoritetit sipas rregullave të Bashkimit Evropian, por kurrë nuk i është kërkuar për përmirësim dhe barazi të të drejtave të minoritetit shqiptar në Greqi, ku numri është më i madh sesa numri i minoritetit grek dhe ku e drejta për edukim dhe përfaqësim politik ka qenë mohuar gjithmonë nga autoritetet greke.

Gjatë gjithë vizitave të autoriteteve shqiptare në nëntëmbëdhjetë vitet e fundit, çështja e minoritetit shqiptar në Greqi, nuk ka qenë kurrë një çeshtje primare, e cila tregon qe politika shqiptare dhe kryesisht ajo e qeverisë shqiptare pas vitit 1997 ka qenë kontribuese ndaj politikës greke për mosnjohje të të drejtave të minoritetit shqiptar. Perveç faktit që çeshtja e minoritetit nuk ka qenë përmendur kurrë, qeveritë shqiptare madje, nuk kanë ngritur zërin kurrë për të mbrojtur emigrantët shqiptarë në Greqi kundrejt të cilëve është ushtruar sistematikisht dhunë dhe keqtrajtim racor. Ndërsa këto qeveri nuk pyetën një herë për të drejtat e emigrantëve, atëhere si mundën ata të kërkojnë rreth të drejtave të minoritarëve në Greqi?

Emigrimi i shqiptarëve për në Greqi u tolerua dhe u shty nga vetë grekët për arsye të ndryshme. Së pari, permes baptizmit në kishat greke dhe ndryshimi i emrave nga shqiptarë në grekë dhe gjithashtu ndërrimi i feve në mënyre që të qëndronin ose që të gjenin punësim. Këto ndryshime do të ndihmonin që të bënin më të lehtë asimilimin e shqiptarëve. Së dyti, përmes emigrantëve shqiptarë si një krah i lirë pune, ata u përpoqën të përmirësonin industrinë e tyre të rëndë dhe pjesët e tjera të ekonomisë greke të cilat ishin të pazhvilluara dhe pa ata, ekonomia greke nuk do të mund të arrinte nivelin e standarteve të vendeve të tjera të Bashkimit Evropian. *"Në Mars 1998 Komisioni Evropian vendosi që vetëm 11 vende nga 15 vende pranoheshin të bëheshin anëtare të BME (Bashkimi Monetar Evropian) në Janar të 1999. Mbretëria e Bashkuar dhe Danimarka ushtruan opsionin e mundëshëm për të qëndruar jashtë këtij institucioni, ndërsa Suedia dhe Greqia dështuan për të përmbushur një ose më shumë nga kriteret e caktuara për t'ju bashkuar këtij institucioni"*[45].

Së fundmi, duke u dhënë shqiptarëve të drejtën për të qëndruar në Greqi, shfaqej në sytë e Bashkimit Evropian sikur po i ndihmonte shqiptarët. Greqia, në mënyrë që të merrte fonde nga Bashkimi Evropian, u ofronte shqiptarëve punësim, ku Shqiptarët, në fakt, kryenin punë që vetë grekët nuk i bënin.

---

45   . John Sloman, 2003, fq. 724

(IV) – Efekti grek në ekonominë shqiptare dhe lobi grek në SHBA

Për arritjen e asimilimit të jugut të Shqipërisë një rol të rëndësishëm luajti edhe lobi grek në SHBA (Shtete e Bashkuara të Amerikës). Ky lob kishte investuar mjaft duke përfshirë këtu mjaft nacionalistë intelektualë grekë në administratën Amerikane, i cili është një ndër shtetet më të fuqishme të botës. Nikolas Gage, është një ndër përkrahësit më të devotshëm të nacionalizmit grek, është dhe president i "Komunitetit Grek" në SHBA dhe president i organizatës "Federata e Pan-Epirit". Nikolas Gage, një qytetar amerikan, por me origjinë greke, i lindur në Lia, një fshat në kufi me Shqipërinë, emigroi në SHBA në moshën dhjetëvjeçare, ishte një person "non-grata" në Shqipëri për qëllimet e tij të këqija kundrejt Shqipërisë ku akuzohej se kishte financuar masakren e Peshkëpisë me 1994. Në 1996 atij iu mohua hyrja në Shqipëri.

Në një moment Gage citon: *"Të drejtat e minoritetit grek në Shqipëri janë më të përkufizuara tani nën regjimin e Berishës sesa ato ishin nën regjimin komunist të Hoxhes"* [46]. Në këtë mënyrë Greqia përfitoi nga mungesa e një politike të jashtme të duhur amerikane në Ballkan. Në Bosnje dhe Kosovë u ndërhy tepër vonë dhe Milosheviçit iu la dorë e lirë. Duke iu referuar këtyre ngjarjeve, është e lehtë të kuptohet karta nacionaliste që Greqia po përdorte.

---

46 . Krasniqi, 1997, fq. 57

Gjatë këtyre krizave ndodhi edhe falementimi i skemave piramidale në Shqipëri ose skemat "Bëju i pasur shpejt" ose të ashtëquajturat "Ponzi".

"Emigranti Italian në Amerikë, Charles Ponzi, u ofroi investitorëve 50% kthim parash nga investimet e tyre në 90 ditë. Ai pretendonte se vetë po bënte 400% fitim. Në fakt ai po përdorte paratë e investuara nga të tjerët që të shlyente aferat që kishte detyrim. Ky sistem nuk falimentoi përpara, se dhjetë mijë njerëz investuan dhjetë million dollarë." [47]

Ka gjithashtu akuza dhe opinione që elementë greke luajtën pjesën e tyre në formimin e skemave priamidale ose ndryshe "Bëju i pasur shpejt".

"Shërbimi Informativ Grek(EYP) pat të detajuar skemat piramidale të cilat funksiononin në Shqipëri para trazirave të 1997. Ka qenë viti 1996 kur Apostollos Vavillis erdhi në Shqipëri nën maskën e presidentit të "Elfrone Development LTD". Vavillis ka hyrë në Shqipëri me një pasaportë fallso nën emrin Apostolo Kavaleras. Ndërsa ai qëndroi në Shqipëri për ca ditë, pati bërë të mundur të takonte presidentin e firmës piramidale "Vefa", të Vehbi Alimuçaj, një nga skemat më të mëdha piramidale në Shqipëri. Pas një takimi të gjatë ata firmosën një marrëveshje për të pajisur këtë firmë me aparate sigurie, CCTV (Kamera të Fshehta) por qëllimi i vërtetë ishte të mblidhte më tepër informacion rreth piramidave. Këto pajisje kushtuan vetëm tetë mijë dollarë amerikanë, ndërsa fati i mijëra

---

47   . Sadiraj dhe Schram, 1999, fq. 2

dollarëve të investuara nga kreditorët shqipëtarë është akoma i paditur".[48]

"Nga 1997 deri më 1999 besohet që 200 milion dollarë amerikanë të kenë qenë transferuar në Greqi. Personat e implikuar janë: një ish ministër socialist dhe një deputet, i cili përfaqëson minoritetin grek" [49]. Dështimi total i shtetit shqiptar solli vendin në një anarki të plotë. Ekonomia u paralizua komplet, vendi u la pa shtet dhe ushtria u shkatërrua, gjithashtu. Si rezultat i këtij dështimi dhe shkatërrimi të plotë u pa hapur mundësia që Greqia kishte të realizonte ëndrrën e "Megalo-Idesë".

"Tigri i Ballkanit, ngritja e yllit që shëndirt, studenti më i mirë i FMN-së (Fondi Monetar Nderkombëtar) në krahasim me vendet e tjera të Evropës Lindore dhe komplimente të tjera të cilat nuk mjaftonin për ilustrimin e zhvillimit të Shqipërisë në vitet e para të demokracisë"[50]. Ja se si e përshkruan Whiteheadi zhvillimin ekonomik të Shqipërisë, por një stanjiacion ekonomik pas një zhvillimi të menjëhershëm pas ndryshimit politik ishte ndërhyrja më e mire që Greqia mund të bënte, përndryshe zhvillimi i Shqipërisë do të kishte qenë një kercënim për Greqinë dhe ëndrren greke ndaj territoreve shqiptare.

Investitorët e huaj filluan të vinin dhe të bënin investime të mëdha në sektorë të ndryshëm të ekonomisë. Prioritet iu dha burimeve minerale, si: bakrit, kromit, agrikulturës dhe turizmit. Shumica e invetitorëve të huaj ikën nga Shqipëria pikërisht para trazirave të cilat po sillnin vendin në krizë

---

48   . Metaj, 2005,fq. 1
49   . Shehaj, 2003, fq. 1
50   . Vaughan -Whitehead, 1999, fq. 2

dhe në një anarki ku këto firma dhe kompanitë do zëvendë-
soheshin më pas nga kompani greke duke ndërhyrë shumë
thellë në zhvillimet e ardhshme të vendit.

Elementet grekë, ato që investuan të sillnin të ashtuqua-
jturit socialistë në pushtet, kanë manipuluar çdo gjë dhe
kanë monopolizuar ekonominë duke ndaluar kompani të
tjera të jenë pjesë e investimeve në Shqipëri. *"Është sinjifika-*
tiv fakti që në 1997-ën importet nga Greqia u rriten me 43%
krahasuar me një vit më parë, ndërsa importi Italian pati një
rritje më modeste, me vetëm 8 % më shumë. Në të vërtetë, 75%
e të gjithë importeve Shqiptare, më 1997, erdhi nga Greqia. Së
fundmi, ne duhet gjithashtu të përmendim rritjen e importit të
lëndëve të ndërtimit, (mbi 70% e këtyre mallrave u importua
në 1997-ën), ku fusha e ndërtimit ishte një ndër më aktivet në
Shqipëri". [51]

Ndërsa sot, dymbëdhjetë vite më vonë, ne mund të
shikojmë influencën greke sa thellë ka penetruar në ekonom-
inë Shqiptare. 70% e sektorit bankar drejtohet nga kompani
greke. Kompanitë telefonike janë në duart e kompanive
greke. Shqipëria duhet të shkatërrohej në mënyrë që Greqia
të ishte furnizuesja kryesore dhe të eksportonte mallrat e
çfarëdo lloji në Shqipëri. Agrikultura dhe bujqësia duhej të
shkatërrohej në mënyrë që Greqia të mbeste akoma furni-
zuesja kryesore me produkte bujqësore. Shkatërrimi duhet
të ndodhte edhe në industrinë e ndërtimit në mënyrë që
Shqipëria të importonte produkte dhe lëndë të para nga
Greqia.

Përmes propagandës greke, Shqipëria duhej të bindej dhe
të pajtohej me faktin që Greqia po i bënte një favor duke i

---

51   . Vaughan-Whitehead, 1999, fq. 281

lënë emigrantë "*gjysëm milioni shqiptarë*"[52] të qëndronin në Greqi pavarësisht nga fakti që në Greqi ushtrohej një dhunë sistematike dhe një sjellje raciste kundrejt shqiptarëve. "*Sjellja e ashpër e policisë greke, për të mos thënë brutale, në disa raste, me vdekje të refugjatëve shqiptarë, ku ka pasur akuza të shumëta të dhunimit të të drejtave të njeriut*"[53]. Greqia është kritikuar nga OKB-ja (Organizata e Kombeve të Bashkuara) për dhunim të të drejtave të njeriut. "*Në analizën e raporteve të rekomanduara për çështje diskriminuese në mars, Komiteti i Kombeve të Bashkuara në "Eliminimin Racor Diskriminues", dështoi që të paralajmëronte diskriminimin sistematik grek kundrejt magjypëve, emigrantëve shqiptarë dhe minoriteteve të tjera ose t'u bënte rekomandime për të ndihmuar qeverinë që të eleminonte këtë dhunë*".[54]

Bashkimi Evropian prezantoi një raport të ngjashëm mbi të drejtat e njeriut në Greqi ku Greqia kritikohej si më poshtë: "*Bashkimi Evropian kritikon Greqinë për diskriminimin dhe keqtrajtimin e minoriteteve si atë turk, magjypë dhe atë shqiptarë, gjithashtu edhe dështimin e autoriteteve greke për të aplikuar vendimet gjyqsore*". [55] Nuk është koincidencë që të dyja këto institucione ndërkombëtare si Kombet e Bashkuara dhe Bashkimi Evropian të kenë kritikuar Greqinë për dhunën, diskriminimin dhe keqtrajtimin ndaj emigrantëve ose minoriteteve, por kjo është një kritikë e saktë dhe e merituar kundrejt qeverisë greke.

---

52   . Korovilas, 2005, fq. 235
53   . Pettifer, 1993,fq. 178
54   . Raporti Botëror, 2002, "Shikimi i Zhvillimit të të Drejtave të Njeriut"
55   . Po aty

Bumi ekonomik që pati filluar dhe entuziazmi i adaptimiti të sistemit demokratik, përmirësimi i sigurisë dhe i rregullit, rifillimi i përdorimit të burimeve natyrore shqiptare përmes investimeve të huaja, do ta vendoste Greqinë në një pozicion që do të rrezikonte reduktimin e të ardhurave në ekonominë greke ose më saktë, turizmin grek, pikërisht, aty ku kjo ekonomi bazohej. Zhvillimi ekonomik shqiptar do të thoshte shumë për Greqinë, sepse Shqipëria mund të kishte qenë një destinacion i ri për turizmin dhe Greqia do të kishte humbur shumë turistë evropiano-perendimorë dhe amerikanë. *"Greqia përdori forcën e vetos për një kredi ndaj Shqipërisë nga Bashkimi Evropian, të një shume prej 35 milionë ECU (Eurosh)".* [56] Lobi Grek në Amerikë bëri po të njëjtën gjë. *"Shtëpia e Bardhë, nën presionin e fortë grek, bëri një pengesë për planin e dhënies së fondit "Albanian-American Enterprise" prej 30 milionë dollarësh amerikanë Shqiperisë.*

...Lobi i fuqishëm grek në Shtetet e Bashkuara mori në dorë drejtimin e çeshtjes së Grekëve etnikë në Shqipëri" [57]. Lobi grek në SHBA pati për detyrë shpërndarjen e informacionit që Shqipëria ishte një vend i cili përkrah terrorizmin ku shumica e popullsisë është myslimanë, edhe pse në Shqipëri ka katër fe kryesore dhe populli jeton në harmoni të plotë me njëri - tjetrin. *"Shqipëria po shihej në shtypin popullor grek si një pjesë e ngjashme me mbulesen bashkëpunuese islamike për të rrethuar Greqinë në të gjitha anët nga islamizmi."* [58]

Si rezultat i këtij faktori, për pak kohë, Shqipëria u cilësua si një vend antiamerikan që përkrahte terrorizmin, për të mos u vizituar nga qytetarët amerikanë. Lobi grek pati

---

56 . Vicker dhe Pettifer, 1997, fq. 198
57 . Biberaj, 1998, fq. 244
58 . Vickers dhe Pettifer, 1997, fq. 198

bërë përpjekje të vazhdueshme për të siguruar zëvëndësimin e ambasadorit amerikan në Shqipëri, William Ryerson. Në Shqipëri opinioni i tij publik në lidhje me komunitetin grek nuk ishte në relata të mira duke e akuzuar atë për mospërkushtim dhe përkujdesje ndaj çështjes së minoritetit grek dhe përmirësimit të të drejtave dhe kushteve të tyre. Nga pikëpamja greke një zevendësim i tillë shikohej sikur do t'u jepte atyre një akses të lirë sipas planeve të tyre nacionaliste. *"Athina dhe Lobi greko-amerikan bënë një presion të vazhdueshëm dhe të konsiderueshëm në Shtëpinë e Bardhë për të liruar pesë grekët etnikë, anëtarë të organizatës "OMONIA", të cilët qenë arrestuar dhe gjykuar për spiunazh … politika e SHBA'së në këtë rast qe influencuar rëndë nga komuniteti greko-amerikan dhe kështu Uashingtoni favorizoi Athinën para Tiranës".* [59]

---

59 . Biberaj, 1998, fq. 233

(V) – Denoncimi i influencës greke.

Viti 1997 shënoi majën e krizave në Shqipëri. Me 8 mars 1997, presidenti Berisha në një intervistë i kërkoi popullit shqiptar të tregonte maturi përndryshe harta e vjetër shoviniste dhe nacionaliste e Epirit të Veriut ishte pothuajse gati për t'u zbatuar dhe me 20 mars 1997 presidenti Berisha shpjegoi përpara deputetëve ngjarjet e rëndësishme gjatë kohës së tij si president, "Incidenti i organizuar nga Nikolas Gage dhe lobit grek gjatë vizitës time në SHBA në shtator të 1995, dhe Berisha vazhdon me komentin; si dhe ndikimi i lobit grek në politikën amerikane ka qenë armiku im më i rrezikshëm"[60].

Për ta sjellë shqipërinë jashtë nga një kaos i tillë ishte e nevojshme të ndërtohej një qeveri teknike duke bërë një koalicion kombëtar. Pas këtyre ngjarjeve, mund të shikoje personazhet më anti-shqiptarë në arenën politike. Autoritet greke më pas nuk paten nevojë të luajnë haptas politiken e tyre asimiluese, helenizuese dhe ekspansioniste, ndërsa data e zgjedhjeve ishte vendosur që të zhvilloheshin me 29 qershor 1997 dhe paqëruajtësit e huaj erdhën në Shqipëri nën misionin 'Alba Mission'. Loja e autoriteteve greke ishte e maskuar dhe e përkrahur nga këto njerëz, të cilët morën pushtetin me anë të përkrahjes dhe sponsorizimit të vetë grekëve. "Akoma ka një pikëpyetje se si kriminelët më të rrezikshëm shqiptarë që po kryenin denimet në burgje greke, mundën të dalin nga këta burgje vetëm brenda 10-15 ditëve të para të trazirave në Shqipëri dhe këto kriminelë u bënë menjëherë jo vetëm pjesëmarrës të trazirave, por madje ka-

---

60   . Krasniqi, 1997: fq 189, 221

luan në figura udhëheqëse"[61]. Zgjedhjet e 29 qershorit sollën të ashtuquajturit socialistë në pushtet, njerëz ku shumica e tyre kishin qenë komunistë që kishin konvertuar emrin e tyre në socialistë më 1991, por ndërkohë ata qenë aktorët më të mire për të përkrahur planet greke të "Megalo-Idesë".

Pas përfundimit të detyrës së tij "Misioni Alba" (Misioni Nderkombëtar Alba i udhëhequr nga Italia dhe dhjetë kombe të tjera për të sigurauar zgjedhje të lira dhe të ndershme), të gjithë paqëruajtësit e vendeve të huaja u larguan nga Shqipëria , perveç trupave greke. Ata u lanë në Shqipëri, nën preteksin që të organizonin dhe të trajnonin forcat ushtarake shqiptare në bashkëpunim me këshilltarë ushtarakë grekë, edhe pse nuk ishte dhënë asnjë mandat apo bërë ndonjë marrëveshje ushtarake përmes institucioneve ndërkombëtare lidhur me këtë çeshtje. Politikisht dhe juridikisht ky fakt do të thoshte një pushtim grek për Shqipërinë si rezultat i qenies akoma në force të "Ligjit të Luftës", i cili akoma ekzistonte që nga 1940, gjatë Luftës Italo-Greke. Pavarësisht marrëveshjeve dhe bashkëpunimeve në fusha të ndryshme, Shqipëria akoma ishte një "Vend Armik" për Greqinë. De juro dhe de fakto ky ishte një pushtim, ndërsa Shqipëria ligjërisht njihet si "Vend Armik" për Greqinë. Këto ngjarje u pane si një pushtim ekonomik, politik për Shqipërinë. Biberaj komenton : *"Është një ide e keqe të kesh Greqinë si ndihmëse për rikonstruktimin e politikës shqiptare, dhe aq më keq që të asistojë në ndërtimin e ushtrisë shqiptare"*[62]. Misioni i vërtetë i ushtarëve grekë, i lënë në Shqipëri, do të shikohej në ditët e ardhshme duke ndaluar dhe shtypur protestat e shqiptarëve, të cilët protestonin kundrejt vrasjeve politike të anëtarëve të opozitës, patriotëve të cilët fuqishëm patën

---

61   . Krasniqi: 1997, fq 104
62   . Biberaj, 1998, fq. 342

kundërshtuar emërimin e Kryepeshkopit grek Janullatis në krye të Kishës Autoqefale Ortodokse Shqiptare.

Në fund të marsit 1997, ish Drejtori i SHIK-ut (Shërbimi Informativ Shqiptar), Bashkim Gazidede, në një fjalim në Parlamentin shqiptar, bëri akuza direkte për të gjithë atë çfarë kishte ndodhur. Ai i adresoi akuzat e tij si më poshtë: *"Ish shefi i Shtabit të Përgjithshëm të Ushtrisë Shqiptare Kiço Mustaqi, i cili po u shërbente Sherbimeve Sekrete Greke, duke u dhënë informacione të rëndësishme rreth ushtrisë dhe lokalizimin e pikave të rëndësishme ushtarake shqiptare".* [63] Në opinionin e tij, ishin ish-komunistë shqiptarë me pozicione të rëndësishme të cilët u përfshinë dhe u dhanë informacione të rëndësishme agjentëve grekë. Gazidede, gjithashtu, deklaroi që Sherbimet Sekrete Greke kanë qenë përgatitur për ndërhyrje ushtarake që më 1990. *"Politika e jashtme greke duhej të merrej me tri probleme si atë të Qipros, Kostandinopojës dhe Vorio-Epirit (Epirin e Veriut), por ky i fundit do të ishte themelor për Greqinë për t'u arritur para Qipros dhe Kostandinopojës".* [64] Ai shtoi që, "Viron Boze, ish drejtor i Sherbimeve Sekrete Greke, në librin e tij të *"Kujtimeve", i botuar më 1990, pati shkruar që Vori Epiri i përket Greqisë dhe propozoi që Shqipëria duhej të ndahej mes Greqisë dhe Serbisë".* [65] Gazidede për herë të parë zbuloi fakte të tilla prandaj ai fajsoi Greqinë për destabilizimin që po ndodhte.

Ai gjithashtu tha: *"Ishte qeveria konservatore e Micotaqesit më 1991-1994 që punoi haptas për asimil- imin e Vorio-Epirit. Pas kësaj kohe politika greke*

---

63 . Krasniqi, 1997, fq. 224-227
64 . Krasniqi, 1997, fq. 224-227
65 . Po aty

qe modernizuar, ndërsa roli nacionalist u mor nën drejtimin e organizatës më të madhe greke'PAOKA', e vendndodhur në SHBA dhe e udhëhequr nga Nikolas Gage, i cili është një person non grata në Shqipëri por me influence të fuqishme në SHBA. Ai gjithashtu citoi rolin që CIA luajti gjatë këtyre ngjarjeve në Shqipëri ku Xhoxh Tenet (George Tenet), Drejtori i CIA-s i cili ka origjinën nga Himara, një zone në jug të Shqipërisë. (Himara është një zone e cila banohet kryesisht nga minoriteti grek, ku të dy, Tenet dhe Gage, e vizituan Himaren dhe rajonin jugor të Shqipërisë më 1995". [66]*

Në një fjalim të zotit Xhoxh Tenet, në dhjetor të vitit 1999, në një Konferencë të Shoqërisë Mjekësore Helenike të Nju Jorkut, u vërejt që fjalimi i tij përfshiu dhe një referencë, ku ai përmendi momentin e emigrimit të nënës së tij nga Shqipëria, ku thoshte: *"Nëna ime mundi të largohej nga Epiri Verior me një nëndetëse britanike në ato momente që komunistët po merrnin në dorë pushtetin dhe po mbyllnin kufijtë në mënyrë që të mos shikonte më kurrë familjen e saj. Ndërsa komentet e Bashkim Gazidedes kritikojnë ashpër Greqinë në përgjithësi, por edhe mediat greke për keqinformimin dhe për influencën negative që luajtën gjatë trazirave në Shqipëri."*[67]

---

66   . Po aty
67   . Xhorxh Tenet, dhjetor 1999, " Konferencë e Shoqërisë Mjekësore Helenike të Nju Jorkut"

(VI) – Shembuj të bazuar në analizën e mediave

"*Çamëria shtrihet nga bregdeti Jonian deri tek malet e Janinës, në lindje dhe në jug deri tek gjiri i Prevezës, ndërsa sot vetëm shtatë fshatra janë Brenda Shqipërise. Më 1944, në një përpjekje për të themeluar një kufi të pastër etnik, qeveria greke lançoi një terror në rajonin e Çamërisë, si rezultat i të cilës reth 35 mijë çamë u detyruan të iknin për në Shqipëri dhe mijëra të tjerë për në Turqi*".[68] "*Roma i dhuron Shqipërisë rajonin e Çamërisë. Në Greqi nuk ka asnjë zonë të quajtur "Çamëri" dhe as çamër. Ndoshta Çamëria ndodhet diku në anën tjetër të Tiranës ose në Ankona në Itali dhe kështu Italia mund t'ia japë Shqipërisë një zonë të tillë nëse dëshiron. Është i njohur fakti që Italia së bashku me Austrinë, kanë pasur si qëllim gjithmonë t'ia japin Epirin e Veriut Shqipërisë. Shqipëria është një komb i krijuar më 1912, të cilët ishin shërbëtorë islamikë të Perandorisë Osmane, u bënë shtet vetëm nga ndihma e Italisë dhe Austrisë, duke dëmtuar helenizmin ...*". [69] Edhe pse ky artikull është botuar tek një nga gazetata më ekstremiste greke, në të njëjtën kohë përfaqëson politikën e helenizimit, e cila përkrahet jo vetëm nga ekstremistë grekë, por, madje, edhe nga autoritete shtetërore.

Presidenti i Republikes greke, Kostis Stephanopoulos u adresoi një mesazh urimi bashkëatdhetarëve grekë me rastin e festave të Krishtlindjeve dhe Vitit të Ri, ku shprehej kështu: "*Të gjithë ju grekë të cilët jetoni në prosperitet në vende të ndryshme të botës, me ndërgjegjen tuaj kombëtare funksiononi si një "Greqi tjetër" ...*

---

68   . Vickers dhe Pettifer, 1997, fq. 207
69   . Gazeta Stocho, qershor 1996, fq. 2

Zoti Stephanopoulos gjithashtu foli rreth këshillit Helenik Botëror Jashtë (SEA), duke thënë: *"... kjo organizatë ka qenë një ndihmë e madhe në promovimin e çeshtjeve që janë të lidhura me zhvillimin e mëtejshëm të komuniteteve bashatdhetare greke. Bashkimi mes njerëzve dhe organizmave të tyre në të gjithë cepat e botës ishte e një rëndësie vitale për ata. Ne kemi nevojë për njohuri, përkujdesje, meritë dhe trimëri, në mënyrë që të jemi në gjendje të notojmë sërish në dete të hapura, të përballemi me dete të furishme dhe pengesa të ndryshme për të mbrojtur helenizmin dhe ortodoksinë në shkallë kombëtare"*[70]. Presidenti i Republikes greke, Kostis Stephanopoulos në një vizitë në disa fshatra në jug të Shqipërisë e përshkruante udhëtimin e tij si një *"peligrimazh tek grekërit e Epirit Verior"*, gjatë një fjalimi të merkurën në darkë". [71]

Jo vetëm nacionalistët më ekstremistë grekë e konsiderojnë Jugun e Shqipërisë si Epiri Verior, por edhe autoritetet më të larta shtetërore të shtetit grek dhe, madje, vetë presidenti. Termi "Epiri i Veriut", përdoret ekskluzivisht nga radikalë grekë që përshkruajnë atë çfarë në fakt është Jugu i Shqipërisë dhe që këta radikalë kanë objektivat e tyre të përbashkëta që është: aneksimi i Jugut të Shqipërisë nga Greqia. Këto materiale kanë një kuptim mjaft sinjifikativ duke analizuar gjithë atë që ndodhi gjatë fundit të vitit 1996 dhe përmes 1997-ës.

Këta artikuj dhe shumë të tjerë, të ngjashëm me këto, janë një dëshmi nga vetë mediat greke për politikën e helenizimit

---

70   . Agjensia e Lajmeve të Athines –ANA-, 24 /12/ 1997
71   . *Tzimas, 2004: p 1 –ANA-*

të Jugut të Shqipërisë dhe aneksimin e plotë, gjithashtu, për një varësi politike dhe ekonomike të Shqipërisë tek Greqia që ta bënte çdo gjë më të lehtë.

Gjatë vitit 1997, Shqipëria pati rënë në një anarki të plotë. Me 8 mars 1997 *"Zëvendës Sekretari i Jashtëm grek, Yiannos Karanidiotis, përfundoi një vizitë dyditore në Jug të Shqipërisë, ku u takua me përfaqësues të minoritetit grek, autoritete lokale dhe përfaqësues të Komiteteve Qytetare ose Komiteteve të Shpëtimit në Gjirokaster".* [72] "Komitetet e Qytetarëve" ose të ashtuquajturit "Komitete të Shpëtimit" konsideroheshin si grupe jo ligjore, të cilat nuk bënë asgjë përveç se dogjën dhe shkatërruan çdo gjë të rëndësishme në qytetet jugore shqiptare. Një takim me grupe të tilla do të thoshte dhe tregonte për një bashkëpunim të këtyre grupeve me shtetin grek, ishte një knspiracion që Greqia kishte për të shkatërruar dhe copëtuar Shqipërinë.

Kjo vizitë e papritur u raportua nga zëdhënësi i kryeministrit shqiptar se Tirana nuk ishte e informuar. *"Duke shikuar vizitën e fundit të zevendësministrit të jashtëm grek Karandiotis në Shqipëri (Gjirokaster dhe Sarandë), zëdhënësi i kryeministrit konfirmoi që zoti Fino nuk pati asnjë njohuri të kohës dhe të axhendës së takimeve të tij ... dhe realizimi i një vizite të tillë duhej të bëhej vetëm përmes kanaleve diplomatike".* [73]

Këto ishin kulmet e veprimeve të autoriteteve shtetërore greke kundrejt Shqipërisë, prandaj denoncimi i Komunitetit Ndërkombëtar bëri që të zvogëlohej shkalla e veprimeve ndaj Shqipërisë. Gazeta italiane, "Corriera dela Sera", shkruan

---

72   . Hellenic Republic, Ambasada Greke, 20 Mars 1997
73   . Agjensia Telegrafike Shqiptare _ATA-, 19 mars 1997

artikullin: *"Një qark nacionalist nga Greqia përfshihet në trazirat e Shqipërisë jugore në prag të anarkisë".* [74]

Artikulli përmbante këto shkrime: *"Një avokat i devotshëm grek, zoti Alexandros Lykourezos, po përpiqet të koordinojë veprimet e kryengritësve shqiptarë në Jug të vendit. Zoti Lykourezos raportohet të ketë udhëtuar nga Saranda në Gjirokaster, Delvinë dhe Tepelenë dhe është takuar me lider lokalë. Ai duhet të ketë biseduar mes tyre që ata të jenë si një "zë i vetëm" në anarkinë në Jug të Shqipërisë. Përfshirja e zotit Lykourezos në Shqipëri është një zhvillim ekstremisht i rrezikshëm , i cili shënon një pikë kthese në krizën shqiptare. Zoti Lykourezos është një nga anëtarët më të devotshëm të të ashtuquajturës "Lëvizja Epiriote në Greqi", e cila ka për qëllim copëtimin e Shqipërisë, përfshirjen e Jugut të Shqipërisë brënda Greqisë. Zoti Lykourezos raportohet të ketë qenë përfshirë në rastin e Darko Asasin, krimineli Serb, i cili vrau zotin E. Hadri disa vite më parë. Zoti Lykourezos arriti të ketë sukses që ta ekstradonte këtë kriminel në Serbi dhe jo në Bruksel, pavarësisht përpjekjeve të panumërta të qeverisë Belge. Së fundmi, zoti Lykourezos do të përfaqësojë zotin Ratko Mladiç, gjeneralin serbo-boshnjak, i cili akuzohet për krime lufte nga Tribunali i Luftës në Hagë, Hollandë. Çfarëdo përfshirjeje zyrtare ose informale i një vendi fqinj në çeshtjet e brendshme të Shqipërisë dhe veçanërisht në krizat aktuale, është disi dëmtuese. Komuniteti ndërkombëtar duhet të sigurojë ruajtjën dhe sigurimin e kufijve shqiptarë nga infiltrime të elementeve dëmtuese në Jug të Shqipërisë. Kjo mund të bëhet në formë të një mandati UNPREPED. Nuk duhet të tolerohet dhunimi i të drejtave të sovranitetit, madje as në rastet kur ato janë të maskuara nën "përpjekje përsonale për ndërmjetësim". Gjithashtu komuniteti ndërkombëtar duhet të mendojë dhe të zbatojë zbarkime të*

---

74   . Gazeta, "Corriera dela Sera"

*menjëhershme të një force policore ndërkombëtare që do ndih-
monte Qeverinë e Bashkimit Kombëtar, aktuale, në rivendosjen
e rregullit dhe të siguronte zgjedhje të lira dhe të ndershme në
vend. Së fundi, gjithë shqiptarët duhet të tregohen vigjilentë
dhe të mos bien pre e përpjekjeve të manipulimeve që të përzi-
hen në krizat e çështjeve të brëndshme për qëllime ekstremisht
të rrezikshme, të cilat kërcënojnë paqën në jugun e Ballkanit
dhe në Evropë".[75]*

Ish presidenti turk, zoti Demirel dhe ish kryeministrja
turke, zonja Çiller, bënë disa denoncime në ditët e krizave
shqiptare ku ata u shprehen: *"Ne haptazi denojmë çfarëdo
veprimi nga ndonjë sherbim i jashtëm sekret, i cili dëmton
Turqinë, integritetin territorial dhe pavarësinë shqiptare dhe
një gjë e tillë nuk do të tolerohet kurrë."*[76] S. Aloglu, kryetar
i politikës së jashtme në parlamentin turk deklaroi: *"Turqia
i ka në konsideratë ngjarjet e fundit në Shqipëri, jo vetëm
thjeshtë ngjarjet, si rezultat i skemave piramidale, por edhe
rezultatet e veprimeve të jashtme dhe të brendshme të cilat janë
të interesuar në destabilizimin e Shqipërisë".*[77]

Gazeta turke "Zaman", me 16 mars 1999 përmbante një
artikull të titulluar "Komploti grek kundrejt Shqipërisë". Në
artikull shkruhej: *"Greqia po kërkon ndarjen e Shqipërisë, e
cila ka si qëllim themelimin e Republikës Ortodokse Greke me
disa pjesë të tjera ku grekët kanë pretendime. Sipas Agjensisë së
Marëdhënive Ndërkombëtare (INAF) veprimet sekrete greke
kanë qenë nën mbikqyrjen e sherbimeve sekrete turke. Këto
sherbime kanë zbuluar që Greqia ka planifikuar, veçanërisht
në dy vitet e fundit që të përgatisë shqiptarët ortodoksë në pjesën*

---

75   . Ferrari, 12 mars 1997, fq. 8
76   . Krasniqi, 1997fq. 146
77   . Krasniqi, 1997, fq. 246

greke dhe ti trajnojë ata në pjesën greke të ishullit të Qipros, në Shqipëri dhe në Greqi për të themeluar Republikën Ortodokse Greke. Rreth dyqind të rinj shqiptarë me origjinë greke nga Epiri i Veriut kanë qenë trajnuar si policë, oficerë dhe si agjentë sekretë në pjesën greke të Qipros. Ka qenë raportuar që një pjesë e parave, e mbledhur përmes fushatës e organizuar nga Kisha greko-qipriote janë dërguar në Shqipëri ku njëqind gra janë trajnuar nën maskën e infermiereve. Sherbimet sekrete turke kanë zbuluar që agjentë të Sherbimeve Sekrete Greke kanë kaluar kufirin shqiptar dhe janë vendosur në kishat ortodokse nën maskat e priftërinjve që nga viti 1993. Në dy vitet e fundit njëmijë të rinj shqiptarë kanë kaluar kufirin për arsye që të trajnohen si komando ku dyzetë oficerë grekë kanë qenë specializuar se si të organizonin ortodoksët shqiptarë. Gjithashtu ka raporte që Greqia ka pajisur shqiptarët me origjinë greke me njëmijë kallashnikovë. Zyrat diplomatike shprehin shqetësimet e tyre që Greqia po përpiqet të krijojë në Epir një situate analoge me atë në Qipro".[78]

Të gjithë keta artikuj të mediave ndërkombëtare shpjegojnë qartë që falimentimi i shtetit shqiptar pati një tjetër skenar dhe këto ilustrime të mediave u hoqën maskën qëllimeve greke për të përmbushur planet e tyre të vjetra në aneksimin e plotë të Jugut të Shqipërisë. Greqia në nëntëmbëdhjetë vitet e fundit ka aplikuar praktikën e "shkopit dhe të karrotës". Në pesëmbedhjetë vitet e fundit Greqia u përpoq me shkop kur viti 1997 qe dhe kulmi i ngjarjve, por, fatmirësisht, nuk u arrit kurrë realizimi i planit të Greqisë. Meqë Greqia dështoi të arrijë qëllimin me anë të shkopit, filloi të përdortë metodën e karrotës. Eurodeputeti grek, Jorgos Karaxhaferri, në fjalimin e tij në Parlamentin Evropian, kërkoi që Shqipërisë t'i ofrohej një asistencë financiare e

---

78   . Gazeta ,"Zaman", 16 Mars 1999

kushtëzuar nga Bashkimi Evropian që, nëse Shqipëria nuk e njeh "Protokollin e Korfuzit" lidhur me çështjen e Epirit të Veriut, t'i mohohet kjo asistencë financiare. Duke e ditur sesa e rëndësishme dhe tërheqës është fakti i integrimit së Shqipërisë në Bashkimin Evropian, Greqia do të përdorë të gjitha mundësitë për të penguar dhe vonuar integrimin e Shqipërisë në Bashkimin Evropian, duke prezantuar rregulla dhe kushte të ashpra dhe duke paraqitur propozime të vështira që do të jenë në disavantazh për Shqipërinë. Greqia e shrytzoi integrimin në NATO të Maqedonisë duke përdorur veton dhe duke i propozuar Maqedonisë kusht që integrimi vjen vetëm pasi Maqedonia të kete kënaqur kerkesën e Greqisë për të ndërruar emrin dhe Greqia i'a doli me sukses. Greqia po ashtu do e shfrytëzojë integrimin e Shqipërisë në Bashkimin Evropian duke i shtruar kërkesa Shqipërisë të cilat do t'i kushtojnë shumë.

Konkluzioni

Ky projekt fokusohet në nacionalizmin grek dhe pretendimet greke për territoret e jugut të Shqipërisë. Projekti bazohet në pretendimet nacionaliste greke kundrejtë territoreve Shqiptare. Burime të ndryshme akademike dhe madje nga vetë mediat greke informohemi mbi qëllimet e qarqeve greke në çeshtjet domestike shqiptare, Kjo punë shërben për të kuptuar veprimet që Greqia ka marrë në mënyrë konstante për qëllimin e realizimit të planit të aneksimit dhe helenizimit të jugut të Shqipërisë, në mënyrë që në një të ardhme të afërmt të realizohet aneksimi i jugut të Shqipërisë.

Nacionalizmi grek ka qenë i njëjtë për sa i'u përket ekspansioneve territoriale dhe nuk ka qenë askund më lehtë që kjo të aplikohet sesa kundrejt territoreve Shqiptare. Shqipëria, një shtet i sapodale nga diktatura me një demokraci dhe institucione të brishta, nuk mundi t'i rezistojë influences greke gjatë këtyre nëntëmbëdhjetë viteve të fundit. Përkrahës të tjerë të shtetit grek e tillë si Kisha Ortodokse dhe lobi grek në SHBA, luajtën rolin e tyre duke asistuar të përmbushjen e planeve nacionaliste greke. Skemat piramidale mbi të cilat ka akuza që autoritetet greke kanë qenë prapa skene, ishin një tjetër shok për shtetin të cilat kthyen vendin në një anarki të plotë.

Mos ekzistenca e një politike të jashtme të mirfilltë amerikane në Ballkan i dhanë akses të lire që Greqia dhe Serbia të luanin kartat e tyre nacionaliste. Po shikohej se çfarë ndodhi në Bosnje dhe Kosovë gjithashtu, prandaj komuniteti ndërkombëtar e pa të duhur që të ndërhynte dhe që të ndalonte zhvillimet e mëtjshme në Shqipëri. Ashtu siç

dhe Biberaj argumenton që komuniteti ndërkombëtar duhet të ketë një pjesë më të madhe në rolin që duhet luajtur për stabilitetin dhe prosperitetin shqiptar (Biberaj, 1998; p 359). Si rezultat i përfshirjes së komunitetit ndërkombëtar ajo çfarë mbeti të shikohet në ditët në vazhdim ishte zvogëlimi ose maskimi i përkrahësve nacionalistë greke në çeshtjet e brendshme shqiptare.

Së fundmi, mbetet të shikohet se si kjo çeshtje do të progresojë, ndërsa socialistët në Shqipëri e kanë transferuar pushtetin e tyre tek Partia Demokratike. Kjo parti, kur ishte në pushtet, ka qenë e sulmuar ashpër nga minoriteti grek, lobi grek në SHBA dhe nga vetë qeveria greke duke e kritikuar qeverinë shqiptare si një qeveri autoritare dhe që nuk kushton përkujdesje mbi të drejtat e minoritetit grek. Mbetet të shikohet gjithashtu nëse kompanitë greke që aktualisht operojnë në Shqipëri, në do bashkëpunojnë me qeverinë aktuale apo do të shkaktojnë një dështim tjetër të shtetit. Këto kompani, tashmë luajnë një rol vital në ekonominë shqiptare siç është sistemi bankar dhe ai i telekomunikimit.

Si përfundim nacionalizmi nuk është as i mire dhe as i keq ose duke e shprehur ndryshe edhe i mire edhe i keq. Nuk është i mirë të shprehet në përmasa kur cenohet integriteti i një kombi tjetër siç bëri Milloshoviçi në Ballkan (Në ish Jogusllavi) dhe ashtu siç demonstroi Greqia, veçanërisht në gjithë këto vite post diktariale ndaj Shqipërisë dhe Maqedonisë dhe siç vazhdon të veprojë akoma, por nuk është i keq kur kërkohet të mbrohen interesat e një kombi dhe të mos lejohet cenimi dhe integriteti territorial. Politika shqiptare e këtyre viteve post diktatoriale sikur ka qenë paksa e zhveshur nga ndjenja patriotike për të mbrojtur interesat kombëtare dhe kjo vetëm për të ruajtur postet e tyre duke pasur frikë se në rast të kundërt do kishin

pasoja që të humbnin edhe pushtetin. Raste kritike janë pasivitetit i socialistëve në 1991 ku akomodohen plotësisht kerkesat e Greqisë në çeshtjen e të drejtave të minoritetit por që kurrë nuk kërkuan të drejtat e minoritetit shqiptar në Greqi. Pasivitet që tregoi qeveria demokratike 1992-1997 që kurrë nuk qe në gjendje t'i bënte presion Greqisë dhe të ngrinte çeshtjen e keqtrajtimit të emigrantëve shqiptar në institucione ndërkombëtare, kompensimi i popullsisë së shpërngulur çame dhe gjithashtu të demaskonte planet nacionaliste greke në arenen ndërkombëtare. E rëndësishme është gjithashtu të përmendet se si emigrantët shqiptarë me banim në Greqi detyrohen të përballen me pritjet e gjata në dogana për arsye dhe pretekse qesharake të ngritura nga pala greke dhe ku qeveritë shqiptare asnjëherë nuk mundën t'u bëjnë presion pales greke dhe madje as ti kritikojnë ato.

Nga i njëjti fenomen vuan edhe Fatos Nano dhe përkrahësit e tij ku intersat e kombit kishin vlere sa marrja e karriges drejtuese pa dashur të marrë parasysh pasojat dhe djegien e Shqipërisë madje edhe cungimin e saj i cili qe fare pranë dhe natyrisht nuk mund të pritej më shumë nga qeveria Nano për ti bërë presion Greqisë por vetëm të bëheshin vegël e politikave greke ndaj Shqipërisë. *(Fatos Nano për interesa personale bëri një kontratë me shtetin Italian për ti shitur pikën naftënxjerrëse në Vlorë për 30 milion Euro një vlerë qesharaka krahasuar me pasojat ekonomike që kjo do i shkaktonte Shipërisë në vazhdim. Fatos Nano një ish pedagog i Ekonomisë në Universitetin e Tiranes nuk besoj se dështoi në llogaritjen matematike dhe ekonomike por e bëri këtë gjë për interesa personale. Në terma afatshkurtëra një kontratë e tillë dukej si përfitim ekonomik për Shqipërinë pasi 30 milion Euro të derdhura në Shqipëri do investoheshin në përmirësimin e infrstrukturës së vendit nëse një gjë e tillë është bërë realitet ndonjëherë e nëse këto para nuk kane arritur ne destinacion siç*

mund të jenë llogaritë bankare personale në Greqi apo Zvicër. Natyrisht do hapenin vende të reja pune e do kishte një bum ekonomik për zonën por në terma afatgjata Shqipëria do përballej me një dranazhim ekonomik pasi të ardhurat që do bënte firma Italiane natyrisht që do transferoheshin, depozitoheshin dhe investoheshin në Itali.)

Ardhja në pushtet e demokratëve dhe rritja e shpresave për anëtarësim ne Bashkim Evropian, vë Shqipërinë edhe një here përballë me Greqinë pasi i jepet edhe një mundësi tjetër Greqisë për të shpalosur idete e saj nacionaliste duke i berë presion Shqipërisë që të kënaq kerkesat e saj pëndryshe do pengojë ose vonojë antarësimin e Shqipërisë në Bashkim Evropian duke përdorur veton. Marrveshja territoriale ujore ishte një tjetër shuplake ndaj ekonomisë shqiptare e finalizuar nga qeveria Berisha. Kontrata territoreve ujore mes Shqipërisë dhe Greqisë, ku natyrisht humbëse është gjithnjë pala shqiptare sepse tubacioniet e gazit nuk do kalojne më tashmë në pjesen territoriale ujore Shqiptare pasi këto do jenë territore ujore greke.

Meqë Shqipëria po behet gati për përgatitjen për antarësim në Bashkim Evropian dhe ku kufijtë nuk do të jënë më sinjikant atëherë mbase ёshte e nevojshme që të shikohen mundësitë e bashkëpunimit më të ngushtë kjo duke u bazuar tek ngjashmëra kulturore që ne kemi sesa në ndryshimet tona si kombe. Mbase ajo çfare vlen ti kujtohet qeveritarëve greke është që të fokusohen në bashkëpunimin ndërkufitar, kulturor dhe social ekonomik dhe të lënë pas një here dhe përgjithmonë pretendimet nacionaliste. Pasi jemi të ndërgjegjshëm se jugu i Shqipërisë dhe pjesa veriperendimore e Greqisë që kufizohet me Shqipërinë janë plotësisht vende te pa shfrytezuara por me potencial të madh turistik atëherë një bashkëpunim i ngushtë ndërshtetëror Greqi-

Shqipëri për të krijuar një *(Euroregion)* Eurorajon, ku nga një projekt i tillë mund të sigurohen fonde nga Bashkimi Evropian dhe që do të ndikonte shumë në zhvillimin e ketij rajoni në përgjithsi.

BIbliografi

1 –Anderson,B. (1983) <u>Komunitete Imagjinuese</u> London:Verso

2 – Biberaj, E. (1998) <u>Tranzicioni Shqiptar – Rruga e Vështirë drejt Demokracisë</u> SHBA: Westview Press

3 -Constas, D. and Stavrou, T. eds (1995) <u>Greqia përgatitet për Shekullin e njëzetenjëtë</u> Uashington: The Woodrow Wilson Centre Press

4 Durham, E (Përkthyer nga H. Thanasi) (2000), <u>Brenga e Ballkanasve</u>, Tiranë, Argeta-LMG

5 –Flynn, K (2000) <u>Ideologjia, Mobilizimi dhe Kombi</u> Britaini e Madhe: MACMILLAN PRESS LTD

6 -Koliopoulos, J. and Veremis, T botimi (2002) <u>Greqia dhe Pasoja e Modernizimit</u> Mbreteri e Bashkuar: C. Hurst and Co.

7   – Korovilas, J. (1998) <u>Njerëz në kërkim për punë</u> <u>– Emigrantët Shqiptarë në Greqi</u> *Economics Working Paper*, Bristol: Universiteti I Anglisë Perendimore.

8   – Krasniqi,A. (1997) <u>Rënia e Demokracisë</u> Tirane: Eurolindja

9   -Legg, K. and Roberts, J. botimi (1997) <u>Greqia Moderne – Një Civilizim I Harruar</u>   SHBA: Westview Press

10 –Mayall, J. (1994) 'Sfidat e Irredentizmit dhe Pavarsis Secessionist' nga Huttchinsoni dhe Smithi në librin <u>Nacionalizmi</u> Oxford: Oxford University Press

11 -Pettifer, J. 1993 <u>Grekët – Vendet dhe Njerzit që nga Lufta</u> Angli: Penguin Group

12 –Renan, E. (1994) 'Çdo të Thotë Komb'? nga Hutchinson dhe Smith në librin <u>Nacionalizmi</u> Oxford: Oxford University Press

13 -Poole, R. (1999) <u>Kombi dhe Identiteti</u> Londer: Routledge

14 –Schopflin, G. (2000) <u>Fuqia e Identitetit të Kombeve</u> Londer: C. Hurst & Co (Publishers) Ltd

15 – Sloman, J. (2003), <u>Ekonomi</u> botimi i 5-stë, Essex: Pearson Education Ltd

16 –Smith, D. A. (1991) <u>Identiteti Kombëtar</u> Kembrixh: Penguin Group

17 -Smith, D. A. (2001) <u>Nacionalizmi</u> Kembrixh: Polity Press

18 - Smith, D. A. (1998) <u>Nacionalizmi dhe Moderniteti</u> Londer: Routledge

19 -Vaughan-Whitehead, D. (1999) <u>Shqipëria në Krizë: Parashikimi i Rënies së Yllit që Shndrit</u> Çeltenham: Edward Elgar,

20 -Veremis, T. (1995) <u>Situata Pa Rrugëdalje e Greqisë në Ballkan</u> Athens: Shoqata Helenike për Politika Evropiane dhe të Jashtme

21 - Vickers, M. and Pettifer, J. eds (1997) <u>Shqipëria nga Anarkia në Identiete Ballkanik</u> Londer: Hurst & Co

22 – Vickers, M. and Pettifer, J. eds (1999) **Shqipëria nga Anarkia në Identiete Ballkanik** botimi i dytë, Londer: Hurst & Co

23 -Vickers, M. and Pettifer, J. (2002) **Sfida Për të Mbrojtur Çamët**, Londer: A & C Black. (www. aacl.com/Çameria -Pettifer-1.htm)

24 -Wessels, M. (2002) **Nacionalizmi, i Ndërtuar apo Realitet** Oldenburg: Moormerland p. 4

25 –Winnifrith, J. T (2002) **Vende të kqinj – Vende fqinjë, Një Histori e Jugut të Shqipërisë/ Epirit Verior** Londer: Gerald Duckworth & Co

26 –Zilja, G. (2003) **Unë e pashë kush e dogji Vloren** Tirane: Konica

Gazeta, Revista, Internet

27 –Agjensia Telegrafike Shqiptare –ATA, (19 Mars 1997) **Report i Zëdhënësit të Kryeministrit Shqiptar** Shqipëri: http://www. hri.org/news/balkans/ata/1997/97-03-19 1.ata. html#08

28 - – Agjensia e Lajmeve të Athinës –ANA-, (24 Dhjetor 1997) <u>Mesazh i Stephanopoulosit drejtuar bashkëatdhetarëve grekë.</u> Greqi: http://www.hri.org/news/greek/apeen/1997/97-12-24.apeen.html

29 - Albanian telegraphic Agency -ATA News, (3 Gusht 1996, p 1) <u>Kerkesa e Refuzuar e Patriarkanës së Stambollit</u> http://www.hri.org/news/balkans/ata/1996/96-08-03.ata.html

30 –Bakaoukas. M cituar në <u>Identiteti Modern Kombëtar Grek</u> Athinë: Bartzoulianoy Publishing Co (http://radicalacademy.com/studentrefpolitics22mb.htm)

31 - Ferrari, A (12 Mars 1997) <u>Qarqet Nacionaliste Greke të Përfshirë në Trazirat Shqiptare From – 'Jugu në Prag të Anarkisë'</u> Itali: Gazeta 'Corriere Della Sera'

32 - Hellenic Republic, Embassy of Greece, (20th March1997) **Karandiotis përfundon misionin dy ditorë në Jug të Shqipërisë** Nju Jork: http://www.greekembassy.org/Embassy/content/en/Article.aspx?office=2&folder=257&article=1713

33 – Shehaj, P. (2003) **Pronari i Kompanisë 'Silva': Malaj dhe Arapi kanë vjedhur 40 milion dollarë** Tirane: Koha Jone Newspaper

34 --Metaj, A. (2005) **Gazeta Skampa** Shqipëri

35 -Sadiraj and Schram botimi (1999) **Investitorë të informuar dhe të pa informuar në Experimentin e Skemave Ponzi** Amsterdam http://www.google.co.uk/search?hl=en&q=Sadiraj+and+Schram%2C+1999&btnG=Google+Search&meta=

36 – Shameti, S. (2000) **Vetëm Shqipëria** Elbasan: ALBA (www.alba-net.com)

37 – Sowards,S. (1999) **Nacionalizmi Grek, "Megalo Idea" dhe**

<u>Venizelizmi, 1923</u>   (http://www.lib.msu.edu/ sowards/balkan/lect14.htm)

38 –Tzimas,S. (21/10/2004) <u>Stephanopoulus viziton fashatrat Grek në Shqipëri</u> Tirane: ANA (http://www.greekembassy.org/Embassy/ content/en/Article.aspx?office=2&folder=691&a rticle=14169)

39 –Xenitidou, M. (2004) <u>Identiteti Kombëtar Grek</u>Selanik,Greqi:(www.lse.ac.uk/collections/ hellenicObservatory/pdf/2ndSymposium_ papers_pdf/Maria_Xenitidou_Paper.pdf)

40 – Gaxeta Stochos (15 Qershor 1996) <u>Roma i jep Rajonin e Çamerisë Shqipërisë</u> http:// www.freeblognetwork.com/gazetashqiptare/492/

41 – Gazeta Zaman, (16 Mars 1999) <u>Komploti Grek kundër Shqipërisë</u> Turqi: <u>http://www. freeblognetwork.com/gazetashqiptare/492/</u>

42 –Raporti Botëror (2002) <u>Zhvillimet e të Drejtave të Njeriut/Watch</u> http://www.hrw.org/wr2k2/europe10.html